Herbert Steiner
Gemeinsam gestalten
Arbeitsbuch zur inklusiven
Kreativitätsförderung

Herbert Steiner

Gemeinsam gestalten

Arbeitsbuch zur
inklusiven Kreativitätsförderung

borgmann

© 1992 by SolArgent Media AG, Division of BORGMANN HOLDING AG, Basel

Veröffentlicht in der Edition:
borgmann publishing • Schleefstraße 14 • D-44287 Dortmund

5., verb. Aufl. 2014
Gesamtherstellung in Deutschland: Löer Druck GmbH, Dortmund

Bestell-Nr. 8600   ISBN 978-3-86145-343-7

Urheberrecht beachten!
Alle Rechte der Wiedergabe dieses Fachbuches zur beruflichen Weiterbildung, auch auszugsweise und in jeder Form, liegen beim Verlag. Mit der Zahlung des Kaufpreises verpflichtet sich der Eigentümer des Werkes, unter Ausschluss der § 52a/b und § 53 UrhG., keine Vervielfältigungen, Fotokopien, Übersetzungen, Mikroverfilmungen und keine elektronische, optische Speicherung und Verarbeitung (z.B. Intranet), auch für den privaten Gebrauch oder Zwecke der Unterrichtsgestaltung, ohne schriftliche Genehmigung durch den Verlag anzufertigen. Er hat auch dafür Sorge zu tragen, dass dies nicht durch Dritte geschieht. Der gewerbliche Handel mit gebrauchten Büchern ist verboten.

Zuwiderhandlungen werden strafrechtlich verfolgt und berechtigen den Verlag zu Schadenersatzforderungen.

Inhalt

Geleitwort zur 1. Auflage   12

Vorwort   14

Vorwort zur 5. Auflage 2014   15

Einleitung   17

1. Gestalterisches Tätigsein   21

1.1	Gliederung des Buches	21
1.2	Zu den Hinweisen	22
1.3	Begriffserklärung Sensomotorik /Taktilkinästhetik	22
1.4	Gestalterisches Arbeiten mit Körper- und Mehrfach-behinderten	24
1.5	Begriffserklärung: Mehrfachbehinderung	26
1.6	Formen der cerebralen Parese	27
1.7	Folgebehinderungen	28
1.8	Gemeinsam gestalten	29

2. Die Farbe als Gestaltungsmittel im zweidimensionalen Bereich   32

2.1	Einführung	33
	a) Farbwahrnehmung	33
	b) Kindliche Umwelt	34
	c) Objektivierung	34
	d) Behinderte Kinder und Farbe	35
	e) Das Malen mit dunklen Farben	35
	f) Angebotsreduzierung	36
	g) Malen und Zeichnen	36
	h) Nicht-darstellendes Malen	38
2.2	Techniken mit Farbe	39
2.2.1	Aleatorische Techniken	39
	a) Nass-in-Nass tropfen	39
	b) Nass-in-Nass tupfen	41

	c) Streifen Nass-in-Nass	42
	d) Streifen auf trockenem Blatt	42
	e) Quetschmalerei trocken	43
	f) Quetschmalerei feucht	44
	g) Laufenlassen eines Tropfens	45
	h) Verblasen eines Tropfens	45
	i) Monotypie	46
	j) Decalcomanie	46
	k) Fadenziehtechnik	47
	l) Hinweise	49
2.2.2	**Wachsbügeltechnik**	53
	a) Hinweise zur Wachsbügeltechnik	55
2.2.3	**Malen mit körpereigenen Mitteln**	56
	a) Fingermalerei	57
	b) Kleisterpapier	58
	c) Hinweise	59
2.2.4	**Stempeltechnik**	60
	a) Stempeln mit den Händen	62
	b) Stempeln mit unterschiedlichen Materialien	63
	c) Materialdruck	64
	d) Walzendruck	65
	e) Schablonendruck	66
	f) Hinweise	66
2.3	**Farbiges Gestalten mit Papier**	**69**
2.3.1	**Gestalten mit Transparent- und Seidenpapier**	69
	a) Fensterbild einfarbig	70
	b) Fensterbild mehrfarbig	71
	c) Kleister-Fensterbild	71
	d) Seidenpapier-Verschiebebild	73
	e) Hinweise	74
2.3.2	**Transparentfolien-Bild**	76
	a) Hinweise	77
2.3.3	**Collage-Techniken**	78
	a) Buntpapierreißbild	78
	b) Tonpapier-Streifen-Collage	79

		c) Fotostreifencollage	81
		d) Hinweise	82
2.3.4		**Marmorieren**	83
		a) Marmorieren mit Temperafarben	83
		b) Marmorieren mit Öllackfarben	83
		c) Hinweise	84
2.3.5		**Einfache Batiktechniken**	85
		a) Wachstropfbatik	85
		b) Wachszeichnen	86
		Hinweis	86
		c) Schnürbatik	87
		Hinweis	88
2.3.6		**Diabilder**	88
		a) Hinweis	89
2.4		**Materialbesprechung**	90
		a) Papier	90
		b) Pinsel	92
		c) Farben	95
		d) Klebstoffe	99
2.5		**Das Bild im Raum**	101
3.		**Gestalterisches Arbeiten mit verschiedenem Material**	103
3.1		**Einführung**	103
3.2		**Gestalten mit Lehm/Ton**	105
		a) Einführung	105
		b) Fertige Tonmassen	106
		c) Tonmehl	107
		d) Tonimitate, tonähnliche Werkstoffe	108
		e) Aufbereitung	108
		f) Arbeitsbeispiele	109
		1. Tonschlamm	110
		2. Berg/Höhlen	111
		3. Kugel und Schlange	111
		4. Gestalt/Figur	112

		5. Gefäße	113
		6. Tonplatte	115
		g) Trocknen	118
		h) Bemalen mit Plaka	119
		i) Engobieren	119
		j) Brennen	119
		k) Glasieren	119
		l) Hinweise	120
3.3		**Puppenbau**	122
3.3.1		**Einführung**	122
3.3.2		**Puppenarten**	125
		a) Stabpuppen	125
		b) Handpuppen	127
		c) Marionetten	127
		d) Maskenfiguren	129
		e) Puppenkleider	130
		f) Hinweise	133
3.3.3		**Schattenspiel – Kästen**	136
		a) Hinweise	138
3.4		**Puppen und Masken**	138
3.4.1		**Einführung**	138
3.4.2		**Papierkleistertechnik**	139
		a) Masken	141
		b) Puppenköpfe	141
		c) Hinweise	146
3.4.3		**Papiermaché**	147
		a) Platten	148
		b) Masken	148
		c) Puppenköpfe	150
		d) Großfiguren	150
3.4.4		**Holzmaché**	153
		a) Hinweise	154

3.4.5	**Gipsbinden**	154
	a) Großmasken/Stockmasken	155
	b) Spiellandschaften	158
	c) Skulpturen	159
	d) Modellschiffe	160
	e) Hinweise	163
3.5	**Gipsdruck**	165
	a) Hinweise	167
3.6	**Steinmosaik**	168
	a) Hinweise	169
3.7	**Styropor**	170
	a) Styroporrelief	171
	b) Styropordruck	173
	c) Hinweise	174
3.8	**Weben**	175
	a) Bildwebrahmen	175
	b) Stäbchenwebvorrichtung	179
	c) Hinweise	181
3.9	**Holz**	182
	a) Holzverarbeitung	183
	b) Hinweise	185
4.	**Werken und Gestalten im Außenbereich**	188
4.1	**Sand und Wasser**	188
	a) Hinweise	189
4.2	**Ton im Außenbereich**	190
	a) Lehmofenbau	192
	b) Brennen	195
	c) Hinweise	195
4.3	**Malwand**	197
	a) Hinweise	198

4.4	Großwebrahmen (Webehaus)	198
	a) Hinweise	200
4.5	Sandbilder	200
	a) Hinweise	202
4.6	Asphalt- oder Betonmalerei	202
	a) Ornamentales Gestalten	203
	b) Schattenrissbilder	203
	c) Hinweise	203
4.7	Bauspielplatz	203
	a) Hinweise	205
4.8	Schattentheater	208
	a) Hinweise	209
5.	**Gestalten im Jahreslauf**	210
5.1	Karneval/Fasching	210
	a) Masken	210
	b) Dekoration: Girlanden	210
5.2	Ostern	211
	a) Osterfeld	211
	b) Osterbaum	212
5.3	Herbst	212
	a) Blattdruck	212
	b) Laternen	212
	c) Herbstbaum	212
5.4	Winter	213
	a) Schneemänner	213
	b) Baumgehänge	213
6.	**Literaturbesprechung**	214
6.1	Gestalterischer Bereich	214

6.2	Puppentheater/Spiel	215
6.3	Kunst in der Therapie	215
6.4	Pädagogik/Therapie	216
6.5	Allgemeines	217
6.6	Quellen der verwendeten Literaturzitate	217
Farbtafeln		219

Geleitwort zur 1. Auflage

Gemeinsam gestalten ist ein Arbeitsbuch aus zehnjähriger Praxis in der Einzel- und Gruppentherapie mit Kindern. Allen Graden der Intelligenz gehörten die Kinder an, – vom Hochbegabten bis zum praktisch Bildbaren –, und viele ganz unterschiedliche Schädigungen hatte ihre körperliche Konstitution, – vom schwerst cerebralgeschädigten bis zu dem, was wir gesunde Normalität nennen. Es ist dies ein Buch, das in umfassender Weise und in elementarem Verständnis zur Sensibilität verhelfen will, auch Kindern, denen es schwerfällt, über ihre Sinne die Welt um sie herum kennenzulernen und sie als interessant zu erfahren. Aber nur, was sie zuerst über ihre Sinne erfahren haben, werden sie in Selbstverständlichkeit später zu einer Ganzheit zusammenzufügen imstande sein. Es gilt, Details als Bausteine mit integrierender Tendenz zur Einheit zusammenzufügen, aus Addiertem eine Ganzheit zu schaffen, welche nicht so ohne weiteres zerstört werden kann, innen und außen. Nur so ist die Welt auch als schützenswert erfassbar, erlebbar und darstellbar, gekoppelt mit vielen Fähigkeiten der Hände, der Augen, des ganzen körperlichen und seelischen Wahrnehmungs- und Empfindungsapparates.

Es ist dies ein Buch, das zum Experimentieren mit Material, Farbe, in verschiedensten Techniken anregt, das Therapeuten, Eltern und Kinder, Eltern für Kinder, Kinder für Eltern, die selbständig sind, aber auch denen, die Hilfe brauchen, Anregungen geben will.

Es wird nicht von bildhaftem Gestalten im dogmatischen Sinne gesprochen, – das die Ausdrucksmittel und -möglichkeiten zur Voraussetzung hat und sich nur im angst- und wertfreien Raum entwickeln kann –, sondern von der Freude, die das Wahrnehmen von Farbklängen bereitet, der lustvoll-interessante Umgang mit den Mitteln, der u.U. auch zu diagnostischen Zwecken dienen kann.

Dem Buch, das auf breiter Erfahrungsgrundlage aufbaut, und für dessen Intention eine immense Kleinarbeit erforderlich war, ist in unserer Zeit, in der gern voraussetzungslos und abgehoben formuliert wird, die Betonung des „Menschen-Möglichen" wegen, weite Verbreitung zu wünschen. Es muss als Grundlage bezeichnet werden für Mal- und Beschäftigungstherapeuten, für den Werk- und Kunstunterricht in seinen vielen sonder- und heilpädagogischen Spezies. Es ist eine Motivationsgrundlage auf der Ebene der Betätigungsfreude, auf dem Bedürfnis und Recht zum Spuren hinterlassen, nicht aber dem „künstlerisch-gestalterisches" Schaffen hemmenden Leistungsprinzip und Konkurrenzdenken.

Der experimentierende Umgang mit Material – nicht der künstlerische Einfall – ist der Beginn des Gestaltens.

Eine Vielzahl phantasievoller Anregungen, wobei auch auf Theoretisch- Technisches eingegangen wird, lässt Raum, den individuellen Möglichkeiten und Bedürfnissen der Kinder entgegenzukommen.

Es ist dies ein Buch aus 10-jähriger Praxis für die Praxis. Herr Steiner ist selbst künstlerisch tätig, hat sich umfassend mit Werktechniken befasst und sie an sich selbst erprobt, bevor er sie mit Kindern unterschiedlicher Behinderungsgrade in die Tat umgesetzt hat.

Mit der Erfahrung von Hilfsmitteln und -geräten für körperbehinderte Kinder hat er sich beschäftigt, er geht ganz vom behinderten Menschen aus. Er war es, der kindgerechte Einbauten im „Bienenkorb" des Kinderzentrum Pelzerhaken angeregt hat. Er hat sich unermüdlich für die behindertengerechte Gestaltung der Außenanlagen eingesetzt – zum Nutzen der Kinder, die vom Rollstuhl aus nun Blumen pflanzen können.

Prof. Wolfgang Mahlke, Würzburg 1990

Anmerkung

Professor Wolfgang Mahlke schrieb das Geleitwort zur 1. Auflage 1992. Durch Seminare, Fortbildungen und Projekte, die er begleitete, ergab sich eine Zusammenarbeit mit ihm, die wesentlich zur Entstehung des Buches beigetragen hat. Seine Anregungen, seine Wertschätzung und Bereitschaft zuzuhören, sich einzulassen auf die Menschen in seiner Umgebung, vor allem auch sein Wirken und Arbeiten in der Gestaltung der Umwelt, das immer den Menschen mit seinen elementarsten Bedürfnissen im Blick hatte, zeigte ihn uns als eine Persönlichkeit, die kraftvoll und doch zurücknehmend Wege aufzuzeigen imstande war, an denen man selbst vielleicht achtlos vorübergegangen wäre.

Herr Professor Mahlke verstarb im Oktober 2008 im Alter von 85 Jahren. Seine Arbeit und sein Wirken leben weiter im „Würzburger Modell".

In dankbarer Erinnerung
Herbert Steiner im Oktober 2013

Vorwort

Eltern behinderter und nicht behinderter Kinder, Erzieher und Lehrer in Kindergärten und Schulen versuchen seit mehreren Jahren integrative Erziehung und Beschulung. Die Initiative betroffener Eltern „gemeinsam leben – gemeinsam lernen" sei hier als eines von vielen bundesweiten Beispielen genannt. Der Begriff „Integration" ist noch nicht einheitlich definiert und die verschiedenen Modelle in Kindergärten und Grundschulen sind noch sehr unterschiedlich. Die Diskussion über das Für und Wider von integrativer Erziehung im vorschulischen und schulischen Bereich ist noch lange nicht abgeschlossen.

Die theoretischen Konzepte sind noch weit gefasst und reichen von der zeitweisen, partiellen Integration bis zu vollständigen Integrationsmodellen. Woran es zur Zeit weitgehend fehlt, sind praxisnahe, konkrete Hilfen zum gemeinsamen Tun und Handeln. Mit diesem Handbuch möchte ich mich in erster Linie an die Eltern, Erzieher, Lehrer und Therapeuten wenden, die sich bereits der konkreten Umsetzung und Förderung behinderter und nichtbehinderter Kinder widmen. Es zeigt Anregungen und Hilfen im Bereich des Gestaltens mit Farbe und Material auf: der Kunsterziehung.

In meiner zehnjährigen Arbeit mit körper- und mehrfachbehinderten Kindern und Jugendlichen machte ich für die Entstehung des Buches drei wesentliche Beobachtungen:

1. Bei adäquaten Angeboten und individuellen Hilfestellungen überwanden die Kinder ihre anfängliche Ausdrucksscheu sehr rasch und zeigten sich äußerst motiviert und aufnahmebereit für das Gestalten mit Material und Farbe.

2. Im Bereich der Körperbehindertenpädagogik wird eine einseitige Gewichtung der Förderung aus medizinischen, therapeutischen und pädagogischen Ansätzen deutlich; bildnerische und gestalterische Bemühungen, – die für die Materialerfahrung, Wahrnehmung, sowie das Selbstvertrauen und die Freizeitgestaltung von großer Wichtigkeit sind –, treten häufig in den Hintergrund oder werden in Form von therapeutischen Übungseinheiten an die Kinder herangebracht.

3. Viele Eltern, Erzieher und Lehrer sind sehr bemüht, ihren behinderten Kindern gestalterische Angebote zu machen, scheitern aber häufig an den individuellen Problemen der Kinder, – sei es aufgrund fehlender Hilfsmittel oder in Unkenntnis entsprechender Techniken.

Die dritte Beobachtung dürfte in hohem Maße Erzieher und Lehrer in Kindergärten und Schulen betreffen, die sich integrative Erziehung zur Aufgabe gestellt haben. Die in diesem Handbuch gesammelten Techniken sind für Vorschulkinder ebenso geeignet, wie für Jugendliche. Mehrfachbehinderten, wie auch körperlich und geistig beeinträchtigten Kindern können sie in entsprechender Differenzierung angeboten werden. Aus meiner Erfahrung mit sehr heterogenen Gruppen, – sowohl in der Altersstruktur als auch in der Art der Behinderung –, lässt sich sagen, dass jede der beschriebenen Techniken so differenziert werden kann, dass sowohl auf elementarer Ebene, wie auch in komplizierten Arbeitsgängen gearbeitet werden kann. Die Kinder nehmen untereinander keinen Anstoß daran, dass es manche „leichter" oder „schwerer" haben. Der Anspruch an Leistung tritt dabei zurück und die Freude am Tätigsein, an der Auseinandersetzung mit dem angebotenen Material, sowie das individuelle Gestaltungsvermögen treten in den Vordergrund und geben den Kindern die Freiheit, die sie zu kreativem, fantasievollem Gestalten benötigen.

Bei der Entstehung des Buches wurde mir von vielen Seiten geholfen. Besonders dankend erwähnen möchte ich Herrn Prof. Wolfgang Mahlke aus Würzburg für die eingehende und hilfreiche Durchsicht des Manuskriptes. Dem Kinderzentrum Pelzerhaken möchte ich für seine Unterstützung danken. Ebenso wie Herrn Wolfhart Brand, der in vielen Arbeitsstunden das Manuskript niederschrieb, änderte und formatierte.

Vorwort zur 5. Auflage 2014

Als die Anfrage des Verlages kam, ob ich mir eine Neuauflage des Buches vorstellen könne, sagte ich sofort erfreut zu. Kaum hatte ich zugesagt, stellte sich die Frage: Ist das Buch noch aktuell? Was hat sich in 22 Jahren seit der Erstauflage im Bereich der Behindertenpädagogik verändert? Welche Inhalte oder Abschnitte müssen angepasst, modifiziert werden? Zunächst fällt auf: die Begriffe haben sich geändert. Der Begriff „Inklusion" wurde eingeführt und das aus gutem Grund. Richtet er sich doch an ein Schul- und Bildungssystem, das nicht mehr der Integration bedarf. Inklusion geht von einem Bildungssystem aus, das selbstverständlich und ohne Ausgrenzung jedem Kind denselben Bildungsweg anbietet. Schule als Angebot an alle Kinder und Jugendlichen, von vornherein so ausgestattet, dass jedem individuellen Förderbedarf Rechnung getragen werden kann. Noch ist dies Utopie – aber erstrebenswert.

Im Vorwort zur 1. Auflage habe ich daher noch „Integration" stehengelassen. Noch trifft dieser Begriff am ehesten die derzeitige Schulpraxis. Im Weiteren wird jedoch der Begriff „Inklusion" die „Integration" ablösen.

Zwei weitere, gewichtige Veränderungen ergaben sich auf gesellschafts- und bildungspolitischer Ebene: unsere Kommunikationssysteme zum einen sowie das Bewusstsein einer Generation von Kindern und Jugendlichen zum anderen, deren Eltern vor Jahren aus anderen Ländern in den deutschsprachigen Raum gekommen sind. Beide Phänomene sind im Bildungssystem wirksam und haben es stark verändert.

Computer und Handy sind nicht mehr aus dem Alltag – auch und gerade bei Kindern und Jugendlichen – wegzudenken und die Kinder und Jugendlichen mit sogenanntem Migrationshintergrund zeigen deutlich, dass unsere Gesellschaft mittlerweile in der kulturellen Vielfalt und Buntheit einer von Globalisierung geprägten Welt angekommen ist – ob sie das wahrhaben will oder nicht.

Ändert sich dadurch etwas an der Aktualität des Buches? – Um die Eingangsfrage zu beantworten: Es bleibt aktuell, ist vielleicht heute aktueller als vorher. Auch zeigt sich, dass weder die Techniken, noch das Material einer Ergänzung oder Veränderung bedürfen.

Leider muss aber auch festgestellt werden, dass sich in den letzten 20 Jahren nur marginal etwas an der Schul- und Inklusionspolitik geändert hat. Aber die rasante Entwicklung elektronischer Medien, die auch körper- und mehrfachbehinderten Menschen neue Möglichkeiten der Kommunikation und der Alltagsbewältigung eröffnen, führen auf der anderen Seite zur Ansicht, dass Umweltaneignung am leichtesten über diesen Weg zu erlangen sei. Kunstpädagogische Angebote, basale Auseinandersetzung mit Material und Farbe treten auch im Normalunterricht immer mehr in den Hintergrund. Daher glaube ich, dass das Buch auch im Bereich der – noch – Normalpädagogik eine wertvolle Arbeitshilfe sein kann. Im Abschnitt *Reizentzug und -überflutung* (S. 19) weise ich darauf hin, dass auch das scheinbar nicht beeinträchtigte Kind nur wenig Zugang zu Material, natürlicher Umwelt und zur Gestaltung seiner Umwelt hat. Durch den frühen und uneingeschränkten Zugang der Kinder zu elektronischen Medien und Kommunikationsmitteln, wie er im letzten Jahrzehnt möglich wurde, ist der Abstand der jungen Menschen zu ihrer unmittelbaren Umwelt, zu Menschen und zur Natur stark verändert worden – es scheint, als würde die Kluft breiter. Dieses Buch ist innerhalb des Teilbereichs gestalterischen Arbeitens immer schon der Idee der Inklusion gefolgt.

Es ist an der Zeit, die Hand wieder als das zu verstehen, was sie ihrer Bestimmung nach ist: ein Instrument, die Welt zu *begreifen* und zu *gestalten* und nicht nur als Werkzeug, um Knöpfe zu drücken.

Einleitung

*„Verliert euren Verstand
und kommt zu euren Sinnen"
(Fritz Perls)*

Sehen und Begreifen

„Musst Du immer alles anfassen?" So werden Kinder von ihren Eltern häufig zurechtgewiesen. Die Antwort müsste lauten: „Ja, wie sonst soll ich das Wesen der Dinge um mich herum erfahren!" In dem Buch „Seh-Spiele" von Rudolf Seitz zeigt eine Fotografie zwei Kinder, versunken in die Betrachtung einer Wüstenpflanze, der „Rose von Jericho". Das Kind im Vordergrund hält die Pflanze in der Hand. Locker, fast zärtlich mutet das Umfassen der Pflanze an und es ist, als spüre man selbst beim Betrachten des Bildes die „Rose von Jericho" auf der Haut.

Ein dreijähriges Mädchen sieht einen Gegenstand, den es nicht erreichen kann. Es deutet auf ihn und nötigt seine Mutter, ihm diesen zu geben. Auf die Frage der Mutter, wozu es ihn benötige, sagt es: „Nur sehen!", worauf die Mutter folgerichtig antwortet: „Aber Du siehst ihn doch!". Weinen und Verzweiflung sind die Antwort.

Solche Beispiele könnten endlos weiter fortgeführt werden. Sie alle machen deutlich: Sehen ist mehr als nur sehen. Das Kind mit der „Rose von Jericho" „*sieht*" die Pflanze mit den Händen wie mit den Augen. Das dreijährige Mädchen reagiert verzweifelt, weil es etwas sieht, ohne es zu „*sehen*" – es mit den Händen zu „*Be-Greifen*".

Begreifen, Begriff, Begriffen, Greifbar – in diesen Worten spiegelt sich die Grundlage unseres abstrakten Denk- und Auffassungsvermögens wieder. Nur was ein Mensch „*be-*

griffen" hat, das hat er auch *„begriffen"* und ist für ihn *„greifbar"*, kann zum *„Begriff"* werden.

Dass Wasser nass, Wolle weich, Stein hart, Schlamm schmierig usw. ist, dieses Wissen verdanken wir nicht dem visuellen Eindruck der Dinge alleine, sondern in erster Linie unserer haptischen Erfahrung über die Haut und ihre Rezeptoren.

Ebenso bilden sich Begriffe, wie rund, eckig, leicht, schwer, oben und unten, hinten und vorne nicht durch kognitive, optisch-akustische Informationen, sondern durch die körperliche, unmittelbare Erfahrung: Schwere erfühlt durch Heben, Oben erlebt durch das Selbst-Oben-Sein, durch die Veränderung des ganzen Körpers aus der unteren Ebene in eine obere.

Sensibilität und Beziehung

A. Jean Ayres schreibt: „Ein junges Kind macht sich nicht viele Gedanken ... über Gegenstände. Es ist vorwiegend damit beschäftigt, sie zu fühlen und seinen Körper ... reagieren zu lassen."

Aus all diesem wird deutlich, dass die sinnliche, taktil-kinästhetische Erfahrung für die normale Entwicklung des Kindes von großer Bedeutung ist. Und dies nicht nur im engeren Sinne der Erfahrbarkeit von Strukturen und Beschaffenheit von Gegenständen, welche das Kind umgeben, nicht nur zur Förderung der kognitiv abstrakten Fähigkeit des Einordnens und Interpretierens, sondern darüber hinaus für das gesamte Beziehungsgeflecht des Kindes. In dem Maße, in welchem das Kind sich selbst in Beziehung setzen kann zu seiner Umwelt, den Menschen und Dingen, kann es Beziehungen aufbauen und halten, sich in einem sozialen Gefüge geborgen fühlen.

„Solange diese (...) sensorischen Systeme nicht in angepasster Weise funktionieren, kann das Kind... nur ungenügend auf seine Umwelt reagieren. Manche Kinder werden scheu und zurückhaltend ... Andere Kinder sind überaktiv." (A. Jean Ayres)

Diesem Wissen wird in der Therapie behinderter Kinder mehr und mehr Raum gegeben, wie z. B. in der sogenannten „Frühförderung" oder auch in der „Basalen Stimulation". Auch die Beschäftigungstherapie oder Ergotherapie, wie sie sich neuerdings nennt, widmet sich diesem Problem auf ihre Weise.

Reizentzug und -überflutung

Weniger Bedeutung wird diesem Phänomen im Bereich der „Normalpädagogik", im Kindergarten und in der Schule, gewidmet. Das erscheint nur auf den ersten Blick gerechtfertigt. Ist doch das normal entwickelte und begabte Kind durchaus in der Lage, sich diese für es so wichtigen Erfahrungen selbst zu holen. Erst bei näherem Hinsehen zeigt es sich, in welchem ungeheurem Spannungsfeld Kinder heute aufwachsen und wie sehr sie zwei diametral entgegengesetzten, ja paradoxen Strömungen permanent ausgesetzt sind: Einem ständigen Reizentzug vor allem im sensitiven Bereich durch eine technikorientierte, kinderfeindliche Erwachsenenwelt – und einer ständig sich steigernden Reizüberflutung, besonders im audio-visuellen Bereich.

Einige Beispiele mögen dies verdeutlichen. Wohnungen sind heute so eingerichtet, dass das Kind nur wenig Bewegungsraum für sich zur Verfügung hat. Zu viele „wertvolle" Gegenstände, die anfällig für unsachgemäße Handhabung sind (automatisierte Küchen, Videoanlagen, Stereoanlagen etc.), nötigen die Eltern dazu, „Berührungsverbote" auszusprechen, um die Geräte, aber auch die Kinder selbst vor Unfällen zu bewahren. In den Kinderzimmern eine Fülle von Spielzeug. Sterile, haptisch unattraktive Plastikbausteine und -spielfiguren überwiegen. Kunststoffe umgeben das Kind vom Boden bis zur Decke.

Aber auch außerhalb des Wohnumfeldes, auf den Straßen, in Geschäften oder auf dem Spielplatz ist Sauberkeit oberste Maxime. Jedes Berühren von Stein, Erde, Tieren, Sand oder Baum löst die Angst vor Krankheitsüberträgern aus. Alles Natürliche wird mit Schmutz assoziiert.

Mag diese Darstellung übertrieben erscheinen. Aber wenn wir unsere Kinder rügen, wenn sie die Dinge, die uns umgeben berühren („Musst Du alles anfassen?", „Lass doch mal die Finger davon!") müssen wir zugestehen, dass sie nicht übertrieben ist. Demgegenüber sind die Kinder durch Straßenlärm, ständige Musikberieselung, grelle, bunte Farben von Firmenschildern, Reklame und Spielmaterial und nicht zuletzt eine ungeheure Bilderflut in Form von Fernsehen, Video, Illustrierten, Reklame, Comic-Strips usw. einer ständig wachsenden Reizüberflutung im audio- visuellen Bereich ausgesetzt.

Pädagogik und Therapie

Es stellt sich also die Aufgabe, bei der Gruppe der normal begabten Kinder Reize zu modifizieren, zu selektieren und in der richtigen Dosierung zu gewähren und den körper- und mehrfachbehinderten Kindern ein Spektrum an „begrifflicher" Erfahrung zu eröffnen. Eine Reihe von Pädagogen und Therapeuten, z. B. R. Seitz, A. Jean Ayres, Montessori, V. Oaklander und viele andere haben dies schon lange erkannt und entsprechende Konzepte und Vorschläge entwickelt. R. Seitz beschäftigt sich eingehend mit der Sinneswahrnehmung unter pädagogischen Gesichtspunkten. Andere wiederum sehen in der Sinnesschulung letztendlich ein Behandlungsprogramm gegen pathologische Fehlentwicklungen (A. Jean Ayres), Förderung der einzelnen Sinneswahrnehmung zur kognitiv-abstrakten Lernfähigkeit (Montessori) oder als Mittel zur Lösung seelischer Konflikte (Oaklander).

All dies hat großen Wert in der Behandlung und Beschulung der Kinder. Allerdings ist zu beobachten, dass wir hier Entscheidendes vernachlässigen: Hugo Kükelhaus schreibt in seinem Buch „Organismus und Technik": „Im herkömmlichen Unterricht (es sollte hinzugefügt werden: gleich wie in der Therapie; Anmerkung des Verfassers) erleben wir zur Zeit auf erschreckende Weise, wie jenes realitätsfremde, ja fast tabellarische Eintrichtern von Wissensstoff eine jegliche Weiterverarbeitung des Stoffes außerhalb des Unterrichts, d.h. im Kontakt mit der Realität verhindert." Das gilt auch für den sensomotorischen Bereich, in welchem Sinnesfunktionen gefördert werden, ohne inneren Zusammenhang oder Bezug mit der Realität.

„Therapie und reales Lernen haben kaum noch etwas miteinander zu tun." stellt N. Rudnik fest. Und weiter: „Therapie ist sinnvoll, wenn sie das behinderte Kind für die reale Situation, in der realen Situation fördert." Also keine Abkehr von der Therapie, sondern eine Neuorientierung.

1. Gestalterisches Tätigsein

Nun kann gestalterisches Tätigsein, wie es hier dargestellt ist, nicht alle Sinnesbereiche umfassen oder gar einen ganzheitlichen Therapieansatz erreichen. Gleichwohl wird zweierlei versucht:

1. Das gestalterische Tun wird nicht in die Ecke des Vergnügens abgeschoben, sondern es wird ihm der Platz zugewiesen, der ihm gebührt: Den einer ernsthaften Auseinandersetzung mit sich selbst, dem Material und der Umwelt in gestalterischem Sinne. Das Material ist nicht mehr nur Mittel zum Zweck der Aufarbeitung und Förderung gestörter Sinneswahrnehmung, sondern Mittel zur Gestaltung der Umwelt und der eigenen Persönlichkeit. Das Vergnügen am Tätigsein ist nicht nur Anreiz zu besseren Leistungen (Oaklander) sondern Ausdruck der Freude bei der Begegnung mit der Welt.

   „Es ist das gute Recht der Kinder zu bauen." stellt V. Oaklander hier fest, und wir ergänzen: „... zu malen, zu gestalten, zu verändern!".

2. Auf diesem Weg soll dem Kind bewusst gemacht werden, was es zu leisten imstande ist, wenn ihm die entsprechenden Hilfen angeboten werden, und ihm geholfen wird, seine Persönlichkeit zu festigen. Dies nicht nur im Hinblick auf das behinderte, sondern gleichermaßen auf das normal entwickelte Kind.

Förderung oder Therapie, die nur zum Ziel haben, das Kind immer weiter über seine augenblicklichen Möglichkeiten hinaus zu führen – und die es damit ständig an seine Grenzen heranführt – mag aus dem Gesichtspunkt der Leistungsförderung richtig sein, wird aber dem Kind nicht gerecht. Vielmehr muss es darum gehen, das Kind mit seinen jeweiligen Leistungen und Möglichkeiten anzunehmen, zu bestätigen und zu unterstützen. Auf dieser Basis findet das Kind ganz von selbst seinen Weg und kann Leistungsbereitschaft zeigen. „Es kommt darauf an, seine ihm eigenen Möglichkeiten zu stärken, damit er selbst (der Behinderte) sinnvoll auf seine Probleme reagieren kann." (M. Aly in: Therapie ist keine Wunderwaffe, Therapie ist Erfahrung, in Päd-Extra Sozialarbeit 3/1981)

1.1 Gliederung des Buches

Die vorliegenden Kapitel gliedern sich in vier Gruppen:
- Grundlagen und Grundbegriffe zum Gestalten mit Behinderten Kindern
- Gestalten mit Farbe
- Gestalten mit Material
- Gestalten im Außenbereich.

Gestalten im Jahreslauf ist als Abschnitt aufgenommen, da zu den entsprechenden Jahreszeiten ganz bestimmte Mal- und Werkinhalte gehören, z. B. Laternen im Herbst. Innerhalb der einzelnen Gebiete sind neben den Techniken, wo es erforderlich schien, allgemein gehaltene Kapitel eingeschoben, so z. B. Materialbesprechungen.

1.2 Zu den Hinweisen

Jedem Technikkomplex ist ein Anhang beigeordnet, der mit „Hinweis" gekennzeichnet ist. In diesen Hinweisen werden Möglichkeiten beschrieben, wie Angebote an Kinder mit Beeinträchtigungen herangebracht werden können, bzw. welche Hilfsmittel sich empfehlen. Auch wird beschrieben, welche Kinder unter Umständen mit der besprochenen Technik besondere Probleme haben könnten, z. B. Wahrnehmungsgestörte mit Problemen in der Raum-Lage-Wahrnehmung.

Bei der großen Komplexität der Behinderungsformen war es nicht möglich, bei allen Techniken die ganze Breite an unterschiedlich gelagerten Problemen und Störungen zu berücksichtigen. Dies wäre auch nicht möglich, da erfahrungsgemäß sich jedes von Behinderung beeinträchtigte Kind, – auch mit ähnlich gelagerten Problemen –, in seiner Auffassungsgabe, Motivation und motorischen Fähigkeit (Kompensation) unterscheidet. So konnte nur sehr allgemein auf die Gruppe von behinderten Kindern eingegangen werden, die bei der besprochenen Technik die schwerwiegendsten Probleme hat. Viele der vorgestellten Hilfsmittel sind durchaus austauschbar und auch für andere Techniken einzusetzen.

Nur einige der vorgestellten Hilfsmittel sind im Handel erhältlich. Der weitaus größere Teil muss selbst hergestellt werden. Aufrisse und erläuternde Zeichnungen sollen hierzu als Hilfe dienen, wobei auch hier nur Standards weitergegeben werden können, die dann für das jeweilige Kind oder die betroffene Gruppe entsprechend angepasst, bzw. geändert werden müssen.

Die Reihenfolge der Techniken ist nicht im Sinne von Prioritäten oder aufeinander aufbauend zu verstehen. Sie ist eher willkürlich. Welche Technik sich für welches Kind oder welche Gruppe als die geeignetste anbietet, muss vom Erzieher, Betreuer oder Lehrer selbst entschieden werden.

1.3 Begriffserklärung Sensomotorik /Taktilkinästhetik

In der Gegenüberstellung von Verstand und Sinn sagt V. Oaklander über die Sinne: „Wir müssen diese anderen Teile unseres Selbst respektieren, die voll

Macht und Weisheit sind." In diesem Buch wird viel die Rede sein von „taktilem Bereich", „taktil-kinästhetischen Erfahrungen" und „Sensomotorik". Es scheint deshalb notwendig zu sein, diese Begriffe kurz zu besprechen.

Sensomotorik:

Wir verfügen über einen komplexen Apparat von Sinnen, die es uns ermöglichen, uns in der Welt zurecht zu finden, Gerüche, Geräusche, Geschmacksunterschiede, Struktur und Festigkeit, Gestalt und Form einzuordnen. „Bis zum Alter von 7 Jahren ist das Gehirn vorwiegend eine – Verarbeitungsmaschine – sinnlicher Wahrnehmungen. ... Sie (die Kinder) sind viel eher motorisch als geistig konzipiert. Deshalb nennt man die ersten 7 Jahre im Leben eines Kindes die Jahre der – sensomotorischen – Entwicklung." (A. Jean Ayres). So erklärt sich der Begriff Sensomotorik aus dem Zusammenspiel der sensorischen/sinnlichen Wahrnehmungen und der Bewegungen des Körpers, dem Spielen und Sprechen.

Sensibilität:

Wenn von Sensibilität oder taktil-kinästhetischem Bereich die Rede ist, bezieht sich das auf das Sinnesorgan Haut sowie die Muskulatur und die Gelenke (Gelenkkapsel). Die Haut bedeckt unseren ganzen Körper als Schutzmantel mit unterschiedlichsten Funktionen. In ihr sind die Rezeptoren für die Oberflächensensibilität, den taktilen Bereich, eingelagert. In Muskulatur und Gelenken, wie auch in den tieferen Hautschichten finden sich die Rezeptoren der Tiefensensibilität, die kinästhetischen Sensoren. Die sensiblen Reize werden von Rezeptoren, die in der Haut eingelagert sind, aufgenommen, an das Gehirn weitergeleitet und dort analysiert und verarbeitet. Besonders zahlreich finden sich diese Rezeptoren an Mund, Händen und Füßen.

Taktil:

Die Oberflächensensibilität der Haut (taktiler Bereich) gibt über ihre Rezeptoren die Struktur, Temperatur, Konsistenz berührter Materialien, Gegenstände etc. an das Gehirn weiter. Sie ist es, die kalt, heiß, trocken, nass, rau, glatt differenziert, die Schmerz und Druck, Weichheit und Härte erfühlbar macht.

Kinästhetik:

Die Tiefensensibilität gibt Auskunft über die Lage der einzelnen Körperteile, auch dann, wenn diese nicht sichtbar sind. Sitzt jemand am Tisch und hat die Beine unter dem Tisch überkreuzt, so kann er dies zwar nicht sehen, da die Tischplatte den Blick verstellt, aber die Tiefensensibilität oder Kinästhesie lässt ihn wissen, dass sein rechtes Bein über sein linkes geschlagen ist. Ebenso weiß jemand, ohne es zu sehen, alleine aufgrund der taktil-kinästhetischen Information, dass er die Hand hinter dem Rücken zur Faust geballt hat. Jedoch nicht nur die Lage des Körpers, sondern auch die Stellung der Gelenke und Bewegungsabläufe werden über diesen Sinnesapparat an das Gehirn weitergegeben.

Beeinträchtigungen dieser Wahrnehmungsbereiche wirken sich nicht nur auf die Aufnahme, Verarbeitung und Reaktion hinsichtlich der Außenreize aus. Sie führen zu Störungen der Gesamtmotorik, des Gleichgewichtes, der Geschicklichkeit und Koordination. Rückzug oder überschießende, meist ungezielte Aktivität, gepaart mit fortwährendem „Kommentieren" und „Verbalisieren" der beabsichtigten Tätigkeiten ist häufig zu beobachten – ohne dass die Kinder jedoch zum Handeln kommen. Folge solcher „Verhaltensauffälligkeiten" sind nicht selten Isolation und ablehnende Reaktionen der Umwelt.

> *„Fast alle Ärzte, die mich sahen und untersuchten, bezeichneten mich als einen interessanten Fall, aber auch hoffnungslos."*
> Brown/Mein linker Fuß

1.4 Gestalterisches Arbeiten mit Körper- und Mehrfachbehinderten

Dass gestalterisches Tätigsein für Normalbegabte, Lern- und Geistigbehinderte sinnvoll ist, bestreitet niemand ernsthaft. Das beweist schon die Fülle an Literatur zur Kunsterziehung, zum Werken und Basteln.

Bei körper- und mehrfachbehinderten Kindern hingegen ist eine starke Tendenz zur medizinisch-therapeutischen Betreuung zu beobachten, von der Hilfsmittelversorgung bis hin zum Computer und damit geht seelische Aushungerung einher. Die Beschäftigung mit ihnen bezieht sich zumeist auf ihr „Krankheitsbild", ihre „primären und sekundären Störungen", ihre „Defizite" und „Ausfälle" – selten jedoch auf ihre „Person".

Um Missverständnissen vorzubeugen: Natürlich ist eine optimale medizinische, krankengymnastische, ergotherapeutische, orthopädische und sonderpädagogische Betreuung unabdingbar und natürlich würde es um die Situation der Kinder ohne die gezielten Hilfen aus diesen Fachrichtungen erheblich schlechter bestellt sein.

Es darf aber nicht verschwiegen werden, dass sich Förderung und Therapie allzusehr auf eine Koalition mit der Pathologie eingelassen haben, und weniger mit der Auseinandersetzung mit der „Person", dem Menschen und seinen Fähigkeiten und Leistungen innerhalb seiner durch die Behinderung gesetzten Grenzen. Viele der therapeutischen Ziele sind auch auf anderem Wege erreichbar. Näher an der den Behinderten umgebenen Realität und seiner Person, als an realitätsfernen Therapien und seiner Pathologie.

Gestalterische Arbeit mit mehrfachbehinderten Kindern kann Realitätsbezug herstellen, zumal wenn Handfunktionstraining, selektive Fingerbeweglichkeit, taktil-kinästhetische Reizzufuhr oder Sensibilitätstraining usw. nicht mehr als die Hauptziele im Umgang mit Material im Vordergrund stehen, sondern die gestalterische Ausdrucksmöglichkeit des Kindes als Ausgangslage anerkannt wird.

Obwohl es als bekannt vorausgesetzt werden kann, sollte an dieser Stelle die Bedeutung des Gestaltens für das Kind noch einmal deutlich werden. Der Prozess des Gestaltens setzt in jedem Menschen den Wunsch zur Veränderung von Material und Struktur frei, das Verlangen, Spuren zu hinterlassen, Form zu geben, Neues zu schaffen. Dies muss, wie Rudolf Seitz in einem seiner Bücher feststellt, unter subjektiven Gesichtspunkten gesehen werden. Sicherlich dürfen wir von behinderten Kindern keine objektiv neuen gestalterischen Werte erwarten (wie z. B. die Kunstgeschichte sie hervorgebracht hat).

Vielmehr geht es um das für das einzelne Kind subjektiv Neue in Form des persönlichen Ausdrucks. Das Kind, das sich mit gestaltgebendem Material auseinandersetzt, bekommt Antwort auf seinen Einfluss: Die Spur, die es mit den Händen durch die Farbe zieht, bleibt bestehen, sichtbar, als seine Spur, die es wieder verwischen kann und neu, anders ziehen kann. Der Druck, den es auf die Tonmasse ausübt, wird sichtbar, materialisiert sich, verändert die Oberfläche, gewinnt Struktur.

Durch sein Einwirken verändert sich die Funktion, das Wesen des Materials bekommt eine andere, neue, vom Kind gesetzte Bestimmung. Das Kind nimmt Teil an der Veränderung seiner Umwelt, gestaltet sie mit nach seinen Bildern, Vorstellungen und Möglichkeiten. In diesen Handlungen findet es sich selbst wieder, gewinnt Vertrauen in seine Fähigkeiten, kann es wagen, selbstbewusst seine Grenzen weiter zu verschieben, neue Räume zu gewinnen.

Das mehrfachbehinderte Kind kommt gewiss nicht so rasch vorwärts, wird erst einmal seine Sicherheit in einer Fertigkeit aufbauen, längere Zeit in einer gleichbleibenden (und doch sich ständig wandelnden) Tätigkeit verharren. Dies muss ihm zugestanden werden. Je mehr Zeit ihm gelassen wird, umso mehr Vertrauen bekommt es in seine eigenen Möglichkeiten, auch und gerade seine motorische

Begrenztheit auszuweiten und findet allmählich den Mut, sich neuen, schwierigeren Aufgaben zu öffnen. Über diesen für das Kind sehr persönlichen Prozess der Selbstachtung, des Aufbaus von Selbstwertgefühl und -vertrauen gelangt es auf ganz natürlichem, realitätsbezogenem Wege der Auseinandersetzung mit dem Material zu immer gezielteren motorischen Bewegungsabläufen und neuen Einsatzmöglichkeiten seines Bewegungsapparates (vom lockeren Öffnen der Hand bis hin zum Schneiden mit der Schere).

Ebenso wird der Bereich der taktil-kinästhetischen Wahrnehmung, wie auch die visuelle Wahrnehmungsfähigkeit (Figur-Grund-, Raum- Lage-, Formkonstanz usw.) geschult, ohne auf abstrakte Hilfsmittel zurückgreifen zu müssen. Die speziellen Hilfsmittel, die dem Kind für die verschiedenen Techniken von Fall zu Fall angeboten werden, sollten als nichts anderes gesehen werden, denn als Werkzeuge, wie sie für jede differenzierte Tätigkeit nötig sind.

Der gestalterische Ausdruck über Farbe und Material, die Arbeit damit, die Schaffung neuer Strukturen und Formen führen nicht nur zu einer differenzierteren Wahrnehmungsfähigkeit, sie wirken auch auf die Gesamtpersönlichkeit zurück. Selbstwert, Selbstvertrauen und Motivation können über die kreative Tätigkeit aufgebaut und gefestigt werden. Diese Festigung der Persönlichkeit wirkt sich dann wiederum positiv auf die soziale Interaktion und Integration der Kinder aus.

1.5 Begriffserklärung: Mehrfachbehinderung

Der Begriff der Körper- und Mehrfachbehinderung bedarf an dieser Stelle einer Klärung. Er ist sehr weit gefasst und problematisch. H. Bach kommt zu dem Schluss, „...dass (....) nicht mehr die einzelne isolierte Behinderung als Regelfall und die Mehrfachbehinderung als Ausnahmefall anzusehen (ist).... sondern dass vielmehr ....die Mehrfachbehinderung der Regelfall ist." Dies ergaben mehrere Untersuchungen in Behinderteneinrichtungen, Sonderkindergärten und -schulen (vgl.: S. Solarova, Hilfen für behinderte Kinder und Jugendliche). Erklärlich wird dies daran, dass bisher von Geistigbehinderten, Tauben, Blinden, Körperbehinderten ausgegangen wurde und allmählich sich die Erkenntnis einstellt, dass Taube auch stumm und als Folge davon in vielen anderen, z. B. psychosozialen Bereichen ebenso beeinträchtigt sind.

H.v. Bracken spricht hier von: „Primären Defekten (z. B. Taubheit, Intelligenzschwäche, Körperbehinderung, Blindheit)... die meist somatischer Natur sind", also vor, während oder nach der Geburt entstandene körperliche Schädigungen und „Konsekutive Verbildungen", z. B. Stummheit bei Taubheit, Verhaltensprobleme, psychosoziale Schwierigkeiten. Demnach sind dies also z.T. nachfolgende, sich von den Primärdefekten ableitende Behinderungen.

Nun können in dieses Buch nicht alle Behinderungsformen aufgenommen werden. Das Gewicht liegt schwerpunktmäßig auf der Mehrfachbehinderung mit primärer motorischer Störungskomponente.

Hierzu zählen im besonderen alle Formen der cerebralen Parese (sog. Spastiker), die am häufigsten auftretende Körperbehinderung. Als Cerebral-Paresen werden Körperbehinderungen bezeichnet, deren Ursprung nicht in muskulären Defekten, Schäden des Rückenmarks (Querschnittlähmung), der Knochen, Gelenke oder Nerven liegt, sondern durch eine Schädigung der motorischen Zentren des Gehirns hervorgerufen werden.

1.6 Formen der cerebralen Parese

Die Cerebral-Parese hat folgende Erscheinungsformen:

Spastik:

- Hemiplegie, die Halbseitenlähmung, wobei die Gliedmaßen einer Seite unterschiedlich stark betroffen sein können. Hier wird dann von arm- oder beinbetonter Hemiplegie gesprochen.
- Quadriplegie, die Lähmung aller Extremitäten. Diese Form der cerebralen Parese kann in sehr unterschiedlich starker Ausprägung auftreten, geht aber in den meisten Fällen mit schwerwiegenden körperlichen Beeinträchtigungen einher.

Weitere Erscheinungsformen sind die

- Ataxie, eine Koordinationsstörung in der Zusammenarbeit aller Muskelgruppen, die zu unangepassten, abgehackten und unsicheren Bewegungsabläufen führt und die
- Athetose, bei der willkürlich nicht beeinflussbare Muskelbewegungen und Reflexe zu oft bizarren Bewegungsmustern führen, sowie
- Hypotone Formen und
- Minimale Paresen

Innerhalb dieser groben Gliederung gibt es noch eine Vielzahl von Mischformen von ganz unterschiedlichem Schweregrad.

Um H. von Bracken noch einmal zu zitieren: „Diese eben beschriebenen Formen der cerebralen Parese sind meist primäre Defekte. Zu diesen primären Defekten können noch weitere primäre Defekte kommen. So sind starke Sehschwächen nicht selten, wie auch Intelligenzschwäche (wobei diese durchaus auch eine Folge der durch die Lähmung mangelnden Bewegungs- und Umwelterfahrungen sein können – aber keineswegs immer sind) oder zum Beispiel die Taubheit."

1.7 Folgebehinderungen

Als mögliche Folgebehinderungen, (wobei diese auch als primäre Probleme auftreten können), sind eine Unzahl verschiedener Beeinträchtigungen möglich. Die augenfälligste Beeinträchtigung dürften die unterschiedlichen Sprachstörungen sein. Sie ergeben sich aus einer allgemeinen Beeinträchtigung der Mundmotorik, die häufig auch zu großen Essproblemen führt, sowie anderen Ursachen, wie z. B. Schwerhörigkeit oder Problemen in der Aufnahme und Verarbeitung von Gehörtem.

Weniger augenfällig, aber sehr viel häufiger treten Beeinträchtigungen des Wahrnehmungsapparates auf, wobei nicht so sehr die Reizaufnahme gestört ist, – die Störung also nicht bei den Rezeptoren (z. B. der Ohren, der Augen etc.) zu suchen ist, z. B. in einer Hör- oder Sehschwäche, – sondern vielmehr die Verarbeitung, Umsetzung im Gehirn und Reaktion auf den Reiz durch das Gehirn gestört ist. Diese Störungen werden als Wahrnehmungsstörungen bezeichnet. Kinder, die dieses Störungsbild zeigen, aber kaum augenfällige Spastizität oder andere körperliche Beeinträchtigungen aufweisen, haben häufig eine leichte Hirnfunktionsstörung, also eine minimale cerebrale Dysfunktion (MCD). Nicht alle MCD-Kinder haben auch Wahrnehmungsprobleme. Es würde zu weit führen, alle Wahrnehmungsstörungen zu beschreiben und ihre Ursachen aufzuzählen. Den möglichen Auswirkungen dieser Wahrnehmungsprobleme auf den gestalterischen Bereich wird hingegen kurz eine Betrachtung gewidmet:

Bei Kindern, die trotz einer cerebralen Lähmung in der Lage sein müssten, dem Entwicklungsalter entsprechend gegenständlich zu malen und zu zeichnen, dies aber verweigern oder nicht können, sind Störungen der Raum-Lage-Wahrnehmung, der Figur-Grund-Wahrnehmung usw. möglich.

Bei Kindern, die sehr sensibel auf taktile Berührungen reagieren oder sich nicht gerne mit Material (Ton, Papiermaché, Kleister) beschäftigen, können auch Störungen der Sensibilität vorliegen. Bei solchen und ähnlichen Auffälligkeiten (starke Ablenkbarkeit, Unruhe) handelt es sich in den wenigsten Fällen um „ungezogene" oder gar „leistungsverweigernde" Kinder, sondern meist um Kinder mit einer massiven Wahrnehmungsproblematik.

Eine weitere Form der Folgebehinderung stellen die vielfältigen Verhaltensauffälligkeiten dar. Sie haben viele verschiedene Ursachen und zeigen ein sehr breit gefächertes Erscheinungsbild. Soziale Isolation, die Unfähigkeit, sich verständlich zu machen, die Unerreichbarkeit der Umwelt, aber auch das fortwährende Ausgeliefertsein: All dies führt zu bestimmten Verhaltensweisen, die als auffällig zu kennzeichnen sind.

Das „aufsässige" oder „aggressive" Kind ist noch am leichtesten von seiner Verhaltensauffälligkeit her zu diagnostizieren und zu „behandeln". Viel problematischer gestaltet sich die Diagnose beim „unauffälligen", dem verhaltensunauffälligen Kind: Beim antriebsschwachen (bei schwer cerebral-paretischen Kindern kaum wirklich diagnostizierbar), beim resignierten, beim „bequemen" Kind, beim Kind mit Problemen im Selbstvertrauen und Durchsetzungsvermögen. Dies ist eine der häufigsten Formen der Verhaltensauffälligkeit bei cerebral-paretischen Kindern.

Es kann nicht Anliegen dieses Buches sein, für alle Behinderungen Behandlungsprogramme und Lösungen zu finden. Wohl aber soll das Beschreiben der verschiedenen Formen und Probleme helfen, sie zu erkennen, und den behinderten Menschen da abzuholen, wo er steht. Manchmal muss man tiefer ansetzen, als es nötig zu sein scheint, um das Kind da zu erreichen, wo es den Mut hat, selbständig zu arbeiten. Und es mag dem Erzieher, Lehrer oder Betreuer fraglich erscheinen, einem zwölfjährigen, cerebral-paretischen Kind Kleister und Fingerfarbe anzubieten, noch dazu, wenn der Eindruck besteht, dass das Kind geistig normal begabt ist. Wenn sich jedoch das Kind über dieses Medium angenommen fühlt in seiner Behinderung und ernst genommen als Person, wird es das Angebot mit Freude annehmen und sich auch nach einiger Zeit schwierigeren Aufgaben stellen.

Was welchem Kind im einzelnen angeboten werden kann, muss der Erzieher, Betreuer oder Lehrer selbst entscheiden. Nie aber sollte nur der äußere Eindruck eines Kindes ausschlaggebend für seine Beurteilung und seine Entscheidung sein.

1.8 Gemeinsam gestalten

Für behinderte und nichtbehinderte Kinder ist die kreative Auseinandersetzung mit Material und Farbe gleichermaßen reizvoll und motivierend. Insofern bieten sich kreative Tätigkeiten in besonderer Weise für die gemeinsame Beschäftigung oder Unterrichtung an.

Die beschriebenen Kreativtechniken sind nicht nur anpassungsfähig hin-sichtlich der je individuellen Fähigkeiten der Kinder, sie bieten auch gute Ansätze des gemeinsamen Arbeitens behinderter und nichtbehinderter Kinder. Und dies nicht nur auf der Ebene der gegenseitigen Hilfeleistung. Da die kreative Tätigkeit weitgehend wertfrei und leistungsunabhängig durchgeführt werden kann, ist auch das Kind mit Beeinträchtigungen in diesen Bereichen in gleichem Maße „leistungsfähig". Insbesondere in den Bereichen ungegenständlicher und zufallsbedingter Maltechniken sowie der freien Gestaltung mit Material stehen sie ihren nichtbehinderten Kameraden in nichts nach.

Hinzu tritt die Tatsache, dass gerade in den kreativen Bereichen alle Kinder sehr unterschiedlich gestalten und individuell sehr verschieden an Farbe und Material herangehen. Gestalterischer Ausdruck, Farbempfinden, Formgebung, kreative Energie sind unabhängig von Beeinträchtigungen. Insofern ist es auch nicht sinnvoll, bei den verschiedenen Werken der Kinder zwischen den Werken beeinträchtigter und nicht beeinträchtigter Kinder zu unterscheiden.

Eine große Chance der gemeinsamen Arbeit behinderter und nichtbehinderter Kinder bieten jene Gruppenaktivitäten, welche auf die Gestaltung der Aufenthalts- oder Unterrichtsräume zielen. Die Gestaltung von Fensterbildern gibt Raum, alle Kinder mit ihren je spezifischen Fähigkeiten einzubeziehen und somit Werke zu schaffen, an denen alle Kinder in gleichem Maße beteiligt sind. Gleiches gilt für die Ausstattung eines Raumes mit Wandkacheln oder einer Webewand, die als Großbild oder Raumteiler Verwendung finden kann. Nicht nur, dass diese Werke der Kindergruppe das Gefühl des gemeinschaftlichen Schaffens geben und insofern für die Gruppe identitätsstiftend sind, es spielt im fertiggestellten Werk auch keinerlei Rolle, welches Kind welchen Teil bearbeitet oder an welcher Stelle sich sein Anteil an der Gemeinschaftsarbeit niedergeschlagen hat. Das Werk ist ein Gesamtwerk aller Kinder der Gruppe oder Klasse und wird auch von außenstehenden Betrachtern als solches wahrgenommen.

Gemeinsam gestalten ist also in hohem Maße sozial-integrativ. Und dies auf mehreren Ebenen:

- auf der Ebene der gegenseitigen Hilfe und Unterstützung, die durchaus allen zugute kommen kann. Denn warum sollte ein Kind mit einer Beeinträchtigung nicht auch in der Lage sein, einem nichtbehinderten Kind zu helfen? Sei es bei der Suche nach einer Idee oder in ganz konkreter Form bei der Umsetzung;

- auf der Ebene des unterschiedlosen Gestaltens je individueller Werke, die sich letztlich einer leistungs- oder „fähigkeits-orientierten" Beurteilung entziehen;

- und schließlich hinsichtlich des gemeinsamen Erarbeitens eines Gesamtwerkes mit allen Kindern, das in seinem Ergebnis die Spuren der Differenzierung von „behindert" und „nichtbehindert" verwischt.

Hierfür ist die Bereitstellung von Mitteln und Werkzeugen erforderlich, die es erlauben, dass Kinder mit Beeinträchtigungen ihre Möglichkeiten optimal ausschöpfen können. Hilfsmittel und Techniken, die sie handhaben können und die ihren je individuellen Fähigkeiten des Gestaltens entsprechen, geben ihnen die Chance, sich innerhalb einer integrativen Gruppe zu behaupten und sich als Teil dieser Gruppe zu verstehen.

In „Gemeinsam gestalten" liegt die Betonung auf dem Aspekt des *Gemeinsamen*, des Miteinander von behinderten und nichtbehinderten Kindern und Jugendlichen im eigentlichen Sinne von Inklusion. Einem Miteinander, das durch die lustbetonte Arbeit mit Farbe und Material, durch das motivationale Element des freien, unbeschwerten Gestaltens und das verbindende Miteinander-tätigsein seinen Ausdruck findet.

2. Die Farbe als Gestaltungsmittel im zweidimensionalen Bereich

Wenn vom farbigen Gestalten und von Maltechniken gesprochen wird, sollte auch auf die Farbe als Medium und ihre Gesetzmäßigkeiten eingegangen werden. Weit verbreitete Ansicht ist, dass Farbe dem individuellen Geschmack unterliegt. Dem kann im persönlichen Umfeld von Privatpersonen nicht widersprochen werden.

Wohl aber muss an anderer Stelle, da, wo Menschen farbiger Umweltgestaltung ausgesetzt werden ohne sie mitbestimmen zu können, Klarheit darüber bestehen, welche Wirkung von Farbe ausgehen kann und ob eine bestimmte Farbwahl für eine besondere Gruppe von Menschen adäquat und zumutbar ist oder auch einem Zweck entspricht.

Als vor Jahrzehnten die These aufgestellt wurde, Grün sei eine beruhigende Farbe, wurden viele Klassenräume in allen möglichen Grüntönen gestrichen. – So falsch sollten Aussagen über Farbwirkungen nicht verstanden werden, zumal z. B. Grün als Farbe keineswegs immer eine beruhigende Wirkung hat. Lediglich eine begrenzte Skala warmer, gebrochener dunkler Grüntöne kann eine beruhigende Wirkung haben, – vorausgesetzt, das gesamte Raumkonzept fügt sich in dieses Anliegen ein (vgl. dazu W. Mahlke).

In einer Zeit, in welcher alles möglich und erlaubt ist, hat sich auch das Verhältnis zur Farbe zur Egalität hin gewandelt, nach der Devise: Erlaubt ist, was gefällt. Dem gegenüber sollten sich kritische Erzieher, Betreuer und Lehrer erlauben, zu fragen, wem etwas, – im Zusammenhang z. B. mit der Raumplanung für Kinder, zumal behinderten –, zu gefallen erlaubt ist: den Architekten, Verwaltungsfachleuten, Leitern der Einrichtungen oder den häufig von deren Fehlentscheidungen betroffenen behinderten Menschen, die sich mit dem abfinden müssen, was dem zufällig entscheidenden Planer gefällt.

Hier wäre ein Exkurs zur farbigen Gestaltung von Räumen angebracht. Allerdings gehören diese Überlegungen nur bedingt zum Thema. Wichtig erscheint das Verhältnis des Einzelnen zur Farbe als Gestaltungsmittel im Rahmen der nachfolgenden Techniken.

2.1 Einführung

a) Farbwahrnehmung

Zwei Zitate seien hier angeführt: Im Rahmen einer Mitarbeiterfortbildung über das Kapitel Farbe wurde unter anderem angeregt, sich mit den Farben vor dem Fenster auseinanderzusetzen. Es führte hinaus auf eine Waldlandschaft mit wenigen Häusern und Feldern davor. „Wozu das, es ist doch alles grau bis braun!" lautete der keineswegs böswillige, vielmehr erstaunte und im Brustton der Überzeugung vorgebrachte Einwand eines Teilnehmers.

Mit einer Kinder- und Mitarbeitergruppe wurde ein Pflasterbild auf der Auffahrt einer Behinderteneinrichtung hergestellt. Die Farben waren sorgfältig ausgewählt und aufeinander abgestimmt. Eine Mitarbeiterin arbeitete intensiv mit einem Kind und bemerkte schließlich: „Da fehlt noch Lila!", auf die Frage „Weshalb?" antwortete sie: „Ich finde Lila einfach gut!" Diese Beispiele zeigen beeindruckend, auf welche unterschiedliche Weise mit Farbe umgegangen und wie sie empfunden wird.

Das erste Zitat verweist auf die herabgesetzte Wahrnehmungsbereitschaft von gedämpften, gebrochenen Farben, da man nur schreiende und sich gegenseitig übertrumpfende Farbtöne gewohnt ist. Farbe wird nur dort als Farbe empfunden, wo sie in ihrer intensivsten Leuchtkraft und klarsten Abgrenzung u.U. disharmonisch zu ihrer Umgebung erscheint.

Das zweite Zitat weist auf ein anderes Missverhältnis zur Farbe hin. Farbe wird nicht mehr in einem Zusammenhang mit der Umgebung oder einem Zusammenklang der Farben untereinander gesehen. Jede Farbe wird einzeln gesehen in ihrer isolierten Existenz, gemocht oder abgelehnt, wobei es nicht darauf ankommt, ob sie sich in die Umgebung einfügt und unterordnet oder nicht. Ganz im Gegenteil, Farbe ist zu einem Medium geworden, das von der Werbung dazu genutzt (oder besser missbraucht) wird, Dinge besonders hervorzuheben, abstechen zu lassen von der Umgebung.

Auch der Straßenverkehr, mit seinen notwendigerweise deutlichen Farbsignalen, hat zum gewandelten Farbverständnis beigetragen. Die zunehmende Individualisierung des Menschen, sein Bedürfnis, sich abzuheben, ist ein weiteres Indiz dafür, dass Farbe nur noch als Signal verstanden wird und assoziativ nur starke Farbreize für attraktiv gehalten werden.

b) Kindliche Umwelt

Problematisch ist es auch um die kindliche Umwelt bestellt. Im modernen Kinderzimmer ist Buntheit das Normale. Alles ist in grellen, heftigen Farben gehalten. Plastikbausteine, Plastikautos, selbst Holzbausteine bis hin zu Spielplatzgeräten. Die Werber, die ihre Produkte verkauft wissen möchten, gängeln Eltern und Erzieher mit der Aussage, Buntheit sei kindgerecht und begründen dies mit der Tatsache, dass Kinder, – vor die Wahl gestellt –, immer die leuchtkräftigsten Gegenstände bevorzugen.

Dies darf nicht verwundern. Kinder sind in viel stärkerem Maße reizgebunden als Erwachsene. Natürlich wird ein Kind eher nach einem grellroten oder leuchtend gelben Gegenstand greifen, als nach einem braunen oder verhaltenen grünen. Das bedeutet aber nur, dass das Kind auf einen deutlichen Reiz stärker reagiert als auf einen schwachen.

Hugo Kükelhaus hat in diesem Zusammenhang Untersuchungen angestellt, die in der Summe zum Ergebnis führen, dass auf jeden starken Reiz Gewöhnung an denselben erfolgt und dadurch stärkere Reize nötig werden. Eine allgemeine Abstumpfung, die nur durch sich immer mehr steigernde Reize überwunden werden kann, ist die Folge.

Wohin dieser Weg führt und welche Auswirkung diese Reizüberflutung auf die Kinder hat, ist noch nicht umfassend untersucht worden. Aber vielleicht ist die Frage erlaubt, ob die immer häufiger auftretenden Wahrnehmungs-, bzw. Verarbeitungsprobleme bei Kindern im Vorschul- und Schulalter – neben vielen anderen Ursachen –, hier ihren Ausgang nehmen.

Gestalterisches Arbeiten mit Farbe sollte darauf abzielen, Kinder kontinuierlich für farbige Nuancen zu sensibilisieren, ihnen Farbe auch in ihren Zusammenhängen mit der Umwelt bewusst zu machen, z. B. durch das Betrachten von Kieselsteinen und deren fein abgestuften Farbvariationen.

c) Objektivierung

Objektive Auseinandersetzung mit Farbe kann nur im physikalischen Sinne erfolgen. Obwohl zu Farbeinflüssen und Farbwirkungen auf bestimmte Menschengruppen durchaus objektiv Fakten herangezogen werden können (siehe unter anderem Frieling: Mensch, Farbe, Raum) ist das Farbempfinden für den Einzelnen zunächst von subjektiver Bedeutung.

Isaak Newton hat als erster 1676 Licht mit Hilfe eines Prismas in die Spektralfarben zerlegt und den Grundstein zu physikalischer, objektiver Farbanalyse gelegt.

Für die pädagogische Arbeit von Nutzen ist die Farbenlehre von Johannes Itten, der ihre Eigenschaften und Wirkungen beschrieben hat (Itten/Kunst der Farbe). Johannes Itten sei jedem Interessierten empfohlen.

d) Behinderte Kinder und Farbe

In unserem Zusammenhang ist es wesentlich, die Beziehung behinderter Kinder zur Farbe zu erörtern und Wege aufzuzeigen, diese Kinder zum farbigen Gestalten hinzuführen. Der Großteil der behinderten Kinder hat ein ebenso unbefangenes Verhältnis zur Farbe, wie es bei sogenannten normalbegabten Kindern ist. Vier- bis Achtjährige freuen sich an den verschiedenen Grundfarben, malen Gras grün, Bäume braun, Blumen rot, Himmel blau und die Sonne gelb. Farbe hat für diese Kinder eine symbolische Aussagekraft.

e) Das Malen mit dunklen Farben

Nun ist häufig bei geistigbehinderten, aber auch bei wahrnehmungsgestörten Kindern zu beobachten, dass sie entweder viele Farben solange zusammenmischen, bis dunkle Grau-Braun-Töne entstehen, oder aber vorzugsweise Schwarz als Malfarbe wählen. Dieses Phänomen lässt mehrere Interpretationen zu. Sicherlich entspringt das nicht einfach einer Laune des Kindes. Zwei der häufigsten Beweggründe seien hier angeführt:

- Das malende Kind sucht intuitiv aus ganz bestimmten Gründen die Farbe, die den stärksten Kontrast zum weißen Papier bildet. Dies sind dunkle Grau-Braun-Töne, aber am stärksten natürlich das Schwarz. Hellere Farbnuancen sind für diese Kinder häufig nicht aussagekräftig genug.

- Die erdigen, braun bis schwarzen Farbtöne geben dem Kind Sicherheit. Es empfindet sie als warm und anziehend, stehen sie seiner unbewussten Erdverbundenheit mit seinem Bedürfnis nach Geborgenheit in Höhlen farblich doch am nächsten.

Welcher Grund auch immer zu dunklen Farben führt, es sollte behutsam versucht werden, das Farbspektrum dieser Kinder auszuweiten und sie zu neuen Farben zu führen. Farbige Papiere können für diese Kinder manchmal eine Hilfe sein, zu anderen Farben zu gelangen, besonders wenn sie zu den visuell Wahrnehmungsgestörten zählen.

f) Angebotsreduzierung

Ein anderes Phänomen kann beim Malen beobachtet werden: Kinder können sich nicht für eine Farbe entscheiden, weil das Angebot zu groß ist. Besonders bei wohlmeinendem Angebot von Farbkästen mit 12 oder 24 Farbnäpfen. Dem sind viele Kinder – besonders auch behinderte Kinder –, meist nicht gewachsen. So mischen sie diese Farben untereinander, was zur Folge hat, dass die so getrübten Farben weniger überschaubar sind und letztlich die Freude an der Tätigkeit trüben, bis hin zur Resignation.

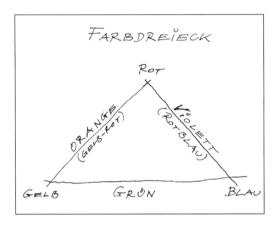

Hier bietet sich eine Reduzierung des Farbangebotes an, ausgehend von den drei Grundfarben: Gelb, Rot, Blau.

Mit ihnen lernt das Kind allmählich über Vermischen zu neuen Farben zu gelangen. Grün aus Blau und Gelb, Orange aus Rot und Gelb, Violett aus Rot und Blau usw. Grün bietet sich als Ergänzung an, sobald ausreichende Sicherheit im Umgang mit den Grundfarben erreicht ist. Mischversuche erweitern die Farbpalette. Grün und Rot führen zu Braun- bis Grautönen, Blau und Grün enthalten die dunkle, Gelb und Grün die helle Grünskala. Ocker und Umbra bieten sich als Ergänzung der Palette an. Auf diesem Wege können die Kinder schrittweise an den Umgang mit Farbe herangeführt und sensibilisiert werden.

g) Malen und Zeichnen

Die kindliche Malentwicklung ist kaum von farbigem Gestalten geprägt, als vielmehr von der Graphik. Malen wird vom Farbfleck her gedacht und Graphik von der Linie, dem Punkt, der Struktur. Malen ist demnach in der kindlichen Entwicklung als graphisch-symbolhaftes Interpretieren der Umwelt des Kindes zu verstehen. Bereits vom 2. Lebensjahr an ist jedes spurenhinterlassende Gerät hoch interessant. Es spielt hierbei noch keine Rolle, welche Farbe die Spur aufweist; Kreide, Bleistift, Ziegelscherben, Zahnpasta oder Pudding: alles dient nur dem einen Zweck, Spuren zu hinterlassen. Die Stadien der kindlichen Malentwicklung – vom Kritzeln über Spiralen, den „Kopffüßler" bis zum Leitermännchen – können in diesem Zusammenhang übersprungen werden.

Wichtiger ist, dass das Kind von allein bemüht ist, differenziert genau seine Umwelt abzubilden und für die erforderlichen motorischen Abläufe mehr und mehr sensibilisiert wird. Selbst dann noch, wenn das Kind mit 6 oder 8 Jahren mit Pinsel und Farbe malt, denkt es nicht „Farbe", sondern zum Beispiel „Baum" oder „Haus" und die Farbe unterstreicht die graphischen Darstellungen.

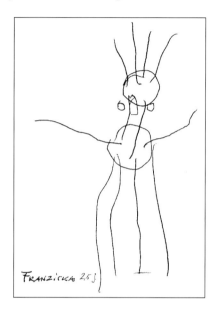

Bereits das geistig- und lernbehinderte Kind, sowie in besonderem Maße das wahrnehmungsgestörte Kind, durchläuft diese Entwicklungsschritte nicht oder nur teilweise. Wobei das geistig behinderte Kind häufig noch über ein gesundes, unbefangenes Selbstwertgefühl verfügt, das es ihm erlaubt, stolz auf seine Werke zu sein.

Lernbehinderte und Wahrnehmungsgestörte, wie auch mehrfachbehinderte Kinder entwickeln ein ausgeprägtes Störungsbewusstsein, das noch durch eine leistungsorientierte und forderungsgeprägte Umwelt und ihr Korrekturverhalten verstärkt wird.

Mehr in seiner Mal- und Zeichenentwicklung gehemmt ist das körper- und mehrfachbehinderte Kind, dem durch seine begrenzten Möglichkeiten der unmittelbaren Umwelterfahrung wie der körperlichen Beeinträchtigung das entwicklungsgemäße grapho-symbolische Malen kaum möglich ist. Problematischer bei diesen Kindern ist, dass sie häufig geistig eine normale Entwicklung durchlaufen, der die körperliche Entwicklung nicht folgen kann, wodurch es zu Misserfolgen durch inadäquates Angebot und zu große Lernschritte kommen kann. Allen diesen Kindern ist gemeinsam, dass sie durch ihre unterschiedlichen Beeinträchtigungen häufig ein gebrochenes, von Unlust und Resignation geprägtes Verhältnis zum Malen und Zeichnen haben.

Ihr Unvermögen, das zeichnerisch zu Papier zu bringen, was in ihrer Vorstellung vorhanden ist, aber auch kritische Rückmeldungen von Eltern, Kameraden oder Erziehern und Lehrern hemmen sie, sich weiterhin mit Malen und Zeichnen auseinanderzusetzen und beeinträchtigen natürlich damit auch sehr stark die differenzierten motorischen Bewegungsabläufe der Hände. Das bedrückend abnehmende Erlernen von Schrift gehört auch hierher.

Darüber hinaus werden diese Kinder aber auch eines wichtigen Mittels zur Auseinandersetzung, Interpretation der Umwelt und des persönlichen Ausdruckes beraubt. Das ständige Bewusstsein etwas „nicht zu können" führt früh zu Versagensängsten und Schädigungen der Persönlichkeit durch mangelndes Selbstvertrauen.

h) Nicht-darstellendes Malen

Die im Folgenden dargestellten Maltechniken erfordern keine formal-zeichnerischen Fähigkeiten. Es sind elementare, in ihren Ergebnissen ganz dem Zufall überlassene Angebote, die die Freude am Malen weniger vom graphisch-zeichnerischen ableiten als von der Wirkung und dem Zusammenspiel von Farbe. Sie bieten den Kindern die Möglichkeit, auf einfachem, für sie relativ leicht und ohne Misserfolgsrisiko zu bewältigendem Wege, zu Erfolgserlebnissen zu gelangen.

Von der basalen Auseinandersetzung mit den Händen mit Kleister und Farbe bis zur Handhabung von Pinsel und Malkreiden finden sich viele Ansatzmöglichkeiten für das Malen, – auch und besonders für körper- und mehrfachbehinderte Kinder.

Erfahrungsgemäß reagieren behinderte Kinder mit den beschriebenen Merkmalen des Störungsbewusstseins und der Versagensängste anfangs sehr skeptisch und zurückhaltend, denn das Malen und Zeichnen hat häufig genug für sie zu Misserfolgen geführt. Diese Ängste sind jedoch meist schnell überwunden und die Angebote werden freudig angenommen, sobald die Kinder erleben, dass die Anforderungen ihren Möglichkeiten angemessen sind und die Ergebnisse schön und interessant ausfallen.

Gleichwohl schließt kaum eine dieser Techniken graphisch-zeichnerisches Gestalten aus, so dass Kinder, die im formalen Gestalten bleiben, sich ebenso auf diese Angebote einlassen können. Hier muss allerdings das eine oder andere beachtet werden. So sollte Kindern, die formal gestalten, gezeigt werden, dass z. B. bei Nass-in-Nass-Arbeiten (siehe Seite 39 – 42) zwar formal gemalt werden kann, die Figuren jedoch verfließen und dass diese Technik zu neuen gestalterischen Ausdrucksformen führt. Oder aber, dass z. B. bei der Wachsbügeltechnik (siehe Seite 53) bei einer formalen Gestaltung des Blattes entweder auf das Bügeln verzichtet wird (manche Kinder empfinden das Bügeln als Zerstörung ihres Bildes!) oder aber das Blatt nicht gefaltet, sondern von einem leeren Transparentpapier überdeckt und dann gebügelt wird.

- Auf diese Weise bleibt die formale Gestaltung erhalten, lediglich die Konturen fließen ineinander und schaffen weiche Übergänge. Der Erzieher, Betreuer oder Lehrer muss selbst entscheiden, was von Fall zu Fall für das jeweilige Kind wichtig und angebracht ist.

2.2 Techniken mit Farbe

2.2.1 Aleatorische Techniken

a) Nass-in-Nass tropfen

Material: Schreibmaschinenpapier
Haarpinsel 8 bis 12
Naturschwamm
Deckfarbkasten oder andere mit Wasser vermalbare Farben
Wasserbehälter für Schwamm
Wasserbehälter zur Pinselreinigung
Zeitung

Ein Blatt Papier wird auf den Tisch gelegt. Den Naturschwamm aus dem Wasserbehälter nehmen, leicht ausdrücken und gleichmäßig das ganze Blatt in einer Richtung streifend anfeuchten. Sodann das Blatt wenden, die feuchte Seite auf den Tisch legen und die noch trockene Seite des Papiers in gleicher Weise anfeuchten (darauf achten, dass der Schwamm nicht mit Farbe verunreinigt wird!). Dadurch wird ein gleichmäßiges Durchfeuchten des Blattes erreicht und gleichzeitig verhindert, dass sich das Papier wellt. Zudem wirkt der Wasserfilm haftend, das Blatt bleibt fest auf der Unterlage liegen, wodurch das Arbeiten erleichtert wird.

Mit einem dicken Haarpinsel wird sehr feucht Farbe vom Topf genommen. Der eingefärbte Pinsel wird ca. 15 bis 20 cm über das Blatt gehalten und mit Daumen und Zeigefinger der freien Hand vom Schaft nach unten zu den Haaren ausgedrückt, bis ein Farbtropfen aus den Pinselhaaren auf das Blatt fällt (siehe Abbildung auf der folgenden Seite).

Dieser Vorgang kann mit mehreren Farben wiederholt werden. Während der Arbeit ist es hilfreich, nach jedem Farbtropfen das endgültige Verlaufen der Farbe auf dem Blatt abzuwarten, bevor der nächste Tropfen gesetzt wird. Hierdurch kann der nächste Farbtropfen sicherer aufgebracht und die Entscheidung zur Beendigung der Arbeit erleichtert werden.

Das fertige Bild lässt man an Ort und Stelle trocknen, da sonst die Farben verlaufen. Wird der Arbeitsplatz jedoch wieder gebraucht, zieht man das Blatt vorsichtig auf eine davor liegende Zeitung und legt es an einen Platz, an dem es ruhig trocknen kann (siehe Abbildung auf der folgenden Seite).

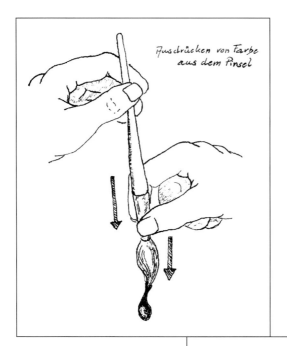
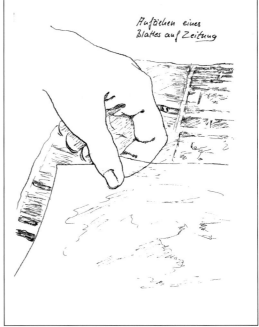

b) Nass-in-Nass tupfen

Material: Schreibmaschinenpapier
Deckfarbenkasten
Naturschwamm
Wasserbehälter für Schwamm
Wasserbehälter für Farbe
Zeitung

Beim Tupfen Nass-in-Nass feuchtet man das Blatt gleichfalls in oben beschriebener Weise ein. Die Finger werden mit Wasser befeuchtet und die Farbe direkt vom Farbnapf übernommen. Leicht tupfend das Blatt mit dem eingefärbten Finger berühren. Je nach dem Druck, der beim Auftrag der Farbe mit dem Finger ausgeübt wird, wird mehr oder weniger Farbe „stehen" bleiben, d.h. als kräftiger Farbpunkt erscheinen oder verlaufen.

Es kommt darauf an, welche gestalterischen Ideen umgesetzt werden sollen: Ob das Bild mehr durch bewusst gesetzte Farbpunkte oder in transparenterem Verlaufen der Farben seine Wirkung erhalten soll. Auch hier ist es hilfreich, das Verlaufen der Farben abzuwarten. Für das Trocknen der Bilder gilt, was oben bereits beschrieben wurde.

c) Streifen Nass-in-Nass

Material: Schreibmaschinenpapier
Deckfarbenkasten
Naturschwamm
Wasserbehälter für Schwamm- und Pinselreinigung (getrennt!)
Haarpinsel 8 – 12
Zeitung

Die Vorbereitung des Blattes geschieht in der nun schon bekannten Art. Mit dem Haarpinsel wird sehr feucht Farbe vom Napf genommen. Nun werden von links fortlaufend nach rechts Streifen unterschiedlicher Farbe vom oberen zum unteren Rand des Blattes gezogen. Hell-Dunkel-Kontraste, breite und schmale Streifen im Wechsel geben den Ergebnissen ihren Reiz.

Das Ineinanderfließen der Farbränder führt zu neuen Farbmischungen, aus Gelb und Blau wird z. B. Grün.

Ein Passepartout erweist sich hier als hilfreiches Gestaltungsmittel, den Teil des Bildes herauszuheben, der am eindrucksvollsten erscheint: Durch die Lockerheit der Streifen, die farbige Wirkung usw.

d) Streifen auf trockenem Blatt

Material: Schere oder Papierschneidemaschine
Schreibmaschinenpapier
Deckfarbenkasten
Borstenpinsel 6 bis 8
Wasserbehälter
Glasplatte oder Metallineal
Klebstoff

Hier wird nun auf trockenem Papier gemalt. Der Vorgang entspricht dem unter „Streifen Nass-in-Nass" beschriebenen. Nur sollte hier ein Borstenpinsel genommen werden, wodurch der Farbauftrag deckend wird. Das Setzen der Farbstreifen kann hier gezielt erfolgen, da die Farbe nicht ineinanderfließt sondern „stehen" bleibt (je nach Konsistenz nass/trocken).

Nach Auftrag und Trocknung der Farbstreifen kann mit der weiteren Gestaltung begonnen werden. Dazu wird eine Schere oder Papierschneidemaschine benötigt. Das Blatt wurde im Breitformat von links nach rechts in Streifen bemalt. Nun wird das Blatt in Längsrichtung in Streifen geschnitten, also quer zu den gemalten Streifen. Die Kanten sollten gerade verlaufen, die Streifen von unterschiedlicher Breite sein.

In der Reihenfolge des Abschneidens werden die Streifen auf ein DIN A3 großes, weißes Papier gelegt und mit einer Glasplatte oder einem Stahllineal darauf festgehalten. Nun werden die Streifen so gegeneinander verschoben, dass sich die Streifen zu neuen Farbzusammenstellungen ordnen. Die Streifen werden mit Klebstoff festgeklebt. Es reicht aus, die beiden gegenüberliegenden Enden der einzelnen Streifen festzukleben.

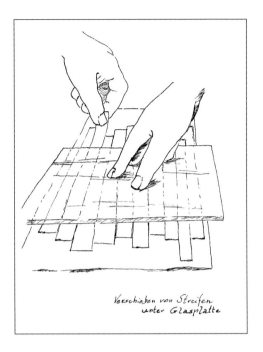

Verschieben von Streifen unter Glasplatte

e) Quetschmalerei trocken

Material: Schreibmaschinenpapier
Haarpinsel 8 bis 12
Wasserbehälter
Deckfarbenkasten

Ein Blatt Papier wird auf den Tisch gelegt. Mit dem Haarpinsel, der gut feucht sein sollte, viel Farbe vom Napf nehmen. Die Farbe aus dem Pinsel auf das Blatt drücken, wie bereits oben beschrieben. Der Tropfen sollte in die Mitte des Blattes gesetzt werden.

Der Pinsel wird zur Seite gelegt und das Blatt in der Mittel gefaltet. Mit dem Handrücken die Farbe in alle Richtungen auseinanderstreifen und das Blatt aufklappen. Es entsteht eine seitengleiche Figur.

Mit weiteren Farben, tropfend oder direkt aufgetragen, das Bild ergänzen, wobei nach jedem Farbauftrag das Blatt gefaltet und ausgestreift wird.

f) Quetschmalerei feucht

Material: Schreibmaschinenpapier
            Deckfarbenkasten
            Borstenpinsel
            Wasserbehälter für Pinsel
            Naturschwamm
            Wasserbehälter für Naturschwamm
            Zeitung

Das Papier leicht mit dem Naturschwamm auf beiden Seiten anfeuchten (nicht zu nass). Mit dem Borstenpinsel Farbe vom Napf nehmen und mehrere Farbtupfer auf das Blatt aufbringen. Den Pinsel nun zur Seite legen und das Blatt an einer Ecke von der Unterlage abziehen und über die Farbe legen. So kann mit allen vier Ecken verfahren werden.

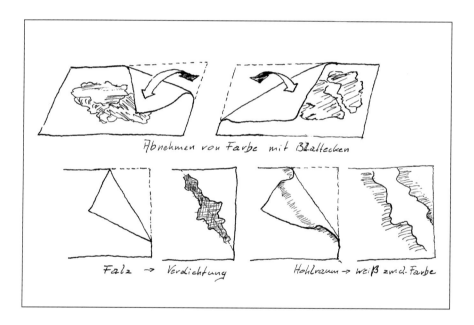

Gestalterischer Einfluss kann durch unterschiedlich festes Andrücken des gefalteten Blattes ausgeübt werden, indem entweder ein Hohlraum an der Faltstelle gelassen wird oder das Papier gefalzt wird. Der gesamte Vorgang wird mehrmals wiederholt.

g) Laufenlassen eines Tropfens

Material: Schreibmaschinenpapier
Deckfarbenkasten
Haarpinsel 8 bis 10
Wasserbehälter für Pinsel

Mit dem gut angefeuchteten Haarpinsel möglichst viel Farbe aus dem Napf nehmen und einen Tropfen Farbe mit Daumen und Zeigefinger aus dem Pinsel drücken und auf das Blatt fallen lassen. Den Pinsel zur Seite legen. Den Rand des Blattes hochheben, bis der Tropfen zu laufen beginnt. Dabei darauf achten, dass die Farbe nicht über den gegenüberliegenden Rand läuft. Um dies zu verhindern wird der gegenüberliegende Rand etwas angehoben. Der Verlauf der Farben wird durch Heben und Senken des Blattes in entsprechender Richtung, die die Farbspur nehmen soll, gesteuert.

Farbe, die eine bereits gelaufene Linie kreuzen soll, wird der vorgegebenen Farbspur folgen. Das Blatt dann in die gewünschte Position heben und warten, bis sich ein größerer Tropfen gesammelt hat. Durch leichtes Schütteln wird dann der Tropfen die Spur überwinden.

Auf diese Weise entsteht ein Netzwerk von Farbspuren, das in seiner Wirkung durch das Ausmalen der weiß gebliebenen Flächen gesteigert werden kann.

h) Verblasen eines Tropfens

Material: Schreibmaschinenpapier
Deckfarbenkasten
Haarpinsel
Wasserbehälter für Pinsel
Strohhalm

Mit dem gut feuchten Pinsel Farbe vom Napf nehmen und einen oder mehrere Tropfen Farbe mit Daumen und Zeigefinger auf das Blatt drücken. Nun kräftig über die Farbtropfen pusten, so dass sie in feinen Strahlen zerstäuben. Einen andersfarbigen Tropfen Farbe auf das Blatt tropfen und wieder pusten. Die feinen, sich überschneidenden Verästelungen und die größeren Farbflächen, die ineinander laufen, bilden Mischfarben.

Soll das Verblasen gezielt vor sich gehen, kann der Farbtropfen durch Pusten mit einem Strohhalm gelenkt werden. So lässt sich das Farbnetzwerk besser beeinflussen und steuern. Werden an bestimmten Stellen kleine Verästelungen gewünscht, kräftig und kurz durch den Halm pusten.

Eine Erweiterung der Technik kann dadurch erzielt werden, dass das fast trockene Blatt kurz unter kaltes, laufendes Leitungswasser gehalten wird. Dadurch entstehen Auswaschungen, die dem Blatt ein anderes Erscheinungsbild geben. Wird der Tropfen auf einem leicht angefeuchteten Papier verblasen, entstehen Verästelungen an den Rändern.

i) Monotypie

Material: Schreibmaschinenpapier
Deckfarbenkasten
Haarpinsel
Borstenpinsel
Wasserbehälter für Pinsel
Glas- oder Plastikplatte (auch kunststoffbeschichtete Tischplatte ist möglich)

Für die Monotypie gibt es sehr unterschiedliche Verfahrensweisen, deren einfachste hier beschrieben wird. Gemalt wird bei der Monotypie auf einer nicht saugenden, glatten Unterlage. Das kann mit sehr feuchtem Farbauftrag mit dem Haarpinsel geschehen (transparent) oder mit dickem, deckendem Farbauftrag mit Borstenpinsel. Mit dem Pinsel werden Farbflächen auf die Glasplatte gemalt.

Ein trockenes Blatt Papier wird auf die Farbflächen gelegt, mit dem Handrücken angestriffen und abgezogen. Die Farbe wird auf das Blatt übertragen. Durch das Abziehen des Blattes entstehen unterschiedliche Strukturen. Eine feucht gemalte Monotypie fällt transparent, eine trocken gemalte leuchtender und deckender aus.

j) Decalcomanie

Material: Schreibmaschinenpapier
Borstenpinsel
Deckfarbenkasten
Naturschwamm
Wasserbehälter für Naturschwamm
Wasserbehälter für Pinsel
Glasplatte oder andere, nicht saugende, glatte Malunterlage (Resopal, Plastikfolie, Wachstuch)

Auf der glatten Unterlage Farbflächen mit dem Borstenpinsel anordnen. Ein vorab mit dem Naturschwamm leicht angefeuchtetes Papier darüber legen, anstreifen und abziehen. Unter Beachtung des abgezogenen, jetzt farbigen Blattes mit Farben auf derselben Unterlage, welche dazu nicht gereinigt werden muss, weiterarbeiten, bis ein befriedigendes Ergebnis erzielt worden ist.

k) Fadenziehtechnik

Material: Genügende Anzahl Wollfäden und Schnüre in den Längen von ca. 30 bis 40 cm.
Fingerfarbe (Schultempera)
Mehrere Borstenpinsel Größe 8 (für jede Farbe einen)
Wasserbehälter
Zeichenpapier DIN A3
Farbnäpfe (für jede Farbe einen)

Mehrere Näpfe mit unterschiedlichen Farben bereitstellen. Zu jedem Napf einen Borstenpinsel legen. Die zugeschnittenen Fäden (Zu Beginn möglichst keine unterschiedlich dicken Fäden für ein Bild) werden an einem Ende genommen und in die Farbe gelegt. Mit der anderen Hand den Faden mit dem Borstenpinsel in die Farbe ganz eindrücken und auf dem Napfboden fixieren. Der Faden wird in seiner ganzen Länge durch die Farbe gezogen.

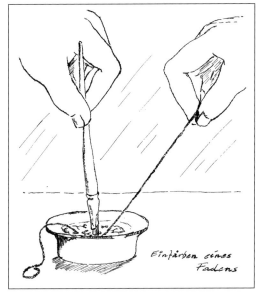

Einfärben eines Fadens

Die eingefärbten Fäden werden auf das Zeichenpapier in Form von Schlingen, Kreisen, Wellenlinien etc. gelegt, wobei das Fadenende am unteren Rand des Blattes etwa 2 bis 3 cm überstehen muss. Nur auf einer Hälfte des Blattes werden die Farben aufgelegt, die andere Hälfte wird darüber gefaltet (Abbildung auf der nächsten Seite).

Sobald die Fäden auf dem Papier liegen, wird es in der Mitte gefaltet, so dass die Fäden zwischen den beiden Zeichenblatthälften zu liegen kommen. Nun wird mit dem Handballen das Papier kräftig angepresst. Während mit der einen Hand das Papier auf dem Tisch festgehalten wird, werden mit der anderen Hand die Fäden flach herausgezogen, um das Papier nicht einzureißen.

Dieser Schritt kann besser mit einem Partner erarbeitet werden, wobei einer das Papier festhält, während der andere die Fäden zieht.

Abwandlungen

a) Benutzung verschiedener Fäden, wie z. B. dicke und dünne Wollfäden, Baumwollgarne, Paketschnur, Sisalschnur, Zwirn etc.

b) Das Anfeuchten des Zeichenpapiers mit dem Naturschwamm (siehe unter Nass-in-Nass Tropfen) gibt den Farben ein transparentes Erscheinungsbild und lässt die Strukturen der Fäden leicht zerfließen.

c) Die Wahl der Farbart ist bestimmend für die Wirkung eines Bildes. Dickflüssige Temperafarben sind in ihrer Wirkung kräftig, leicht fließende Aquarellfarben ergeben ein leuchtendes, transparentes Erscheinungsbild, mit viel Wasser verdünnte Deckfarben wirken zart und transparent.

d) Kleister auf das Papier aufgetragen zeigt eine ähnliche Wirkung wie das Anfeuchten des Papiers. Jedoch treten Strukturen stärker hervor.

e) Vor dem Einlegen der Fäden das Papier einfärben und dann nicht eingefärbte Fäden wie oben beschrieben einlegen. Hier ist schnelles Arbeiten erforderlich, um zu befriedigenden Ergebnissen zu kommen.

f) Kleister und Farbe auf das Papier auftragen und die uneingefärbten Fäden auflegen.

l) Hinweise

Nicht alle bisher beschriebenen Techniken lassen sich bei Kindern mit Körperbehinderungen anwenden. Es gibt jedoch eine Reihe von Hilfsmitteln, die den Einsatz der einen oder anderen Technik realisierbar machen. Das Halten von Pinseln gestaltet sich häufig schwierig. Große Pinsel bieten den Kindern mehr Sicherheit als kleine. Bei Borstenpinseln stört oft der für den Maler zwar sinnvolle, aber für Körperbehinderte nicht selten gefährliche, lange Stiel. Abgesägt gibt er den Kindern auch aufgrund seiner Stärke am unteren Ende mehr Sicherheit in der Handhabung.

Große Holzkugeln, die in die ganze Hand (palmar) genommen werden können und in deren Lochbohrung ein Pinsel steckt, sind ebenso geeignet, wie das Beziehen des Pinselgriffes mit Schaumstoff. Als noch besser hat sich erwiesen, wenn der Schaumstoff derart über den Pinselgriff gezogen wird, dass am Pinselende ein sich gut in die Hand einfügender Ball entsteht.

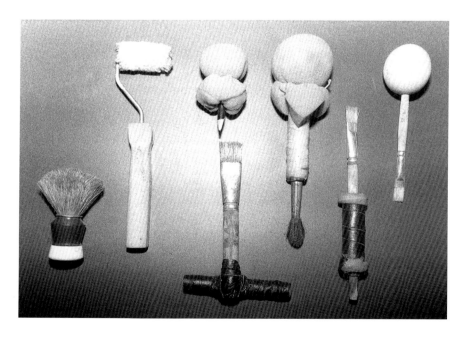

Ein Querholz am oberen Ende des Pinsels führt zum T-Griff. Auch diese Hilfe hat sich gut bewährt. Hierzu muss das Griffelholz auf entsprechende Länge abgesägt werden. Das Ende wird ca. 1 bis 1,5 cm breit abgeflacht – in der Stärke des Pinselgriffes quer darüber gelegt und mit einem starkem Bindfaden oder Klebeband verbunden (zusätzliches Verleimen mit Holzleim ist sinnvoll).

Bewährt haben sich unter anderem folgende Pinseltypen:

- Der Rasierpinsel will großflächiges Malen mit Temperafarben (Näpfe/flüssig); sein kurzer dicker Griff lässt sich gut mit der ganzen Hand fassen. Auch bei Kindern, die ihre Kraft nicht entsprechend dosieren können, ist der Rasierpinsel gut zu verwenden, da die Dichte und Dicke der Borsten hohem Druck gewachsen ist.

- Heizkörperpinsel: Der geknickte Pinselkopf und der lange, dicke Stiel kommen als Malutensil vielen Körperbehinderten sehr entgegen (Großflächiges Malen vom Rollstuhl aus auf der Wand oder am Boden).

- Flachpinsel und Rundpinsel, wie sie zum Verstreichen von Lackfarben üblich sind. Sie entsprechen in Dicke und Festigkeit der Borsten dem Rasierpinsel, eignen sich daher für Kinder, die ihre Kraft nicht gut dosieren können, aber auch der Stärke der Pinselgriffe wegen und durch ihr relativ großes Gewicht (gegenüber Borsten- und Haarpinseln). Geeignet für großflächiges Malen mit flüssigen Tempera- oder Volltonfarben.

- Kleine Malrollen bieten sich für Kinder an, die einen Pinsel zu führen nicht in der Lage sind, aber Gegenstände festhalten und flach führen können. Geeignet für großflächiges Malen mit flüssiger Tempera- oder Volltonfarbe.

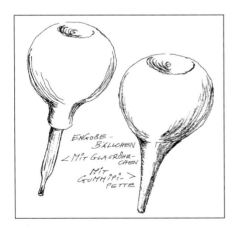

- Pipetten mit großen Gummibällchen, Engobenbällchen, welche als Klistierspritzen in Drogerien erhältlich sind, eignen sich gut für das Verblasen, Laufenlassen von Farbtropfen, Nass-in-Nass-Tropfen, Quetschmalerei bei Kindern mit handmotorischen Behinderungen, bei denen gezieltes Arbeiten mit dem Pinsel nicht möglich ist (siehe Abb. A auf S. 219).

Zu den einzelnen Techniken:

- Nass-in-Nass-Tropfen
  Anstelle der Deckfarben Flüssigfarben (flüssige Aquarellfarbe, verflüssigte Temperafarbe); anstelle der Haarpinsel Gummibällchen und Pipette.

- Nass-in-Nass-Tupfen
  Bei Kindern mit Zielunsicherheit, ataktischen Komponenten, Intensionstremor kann anstelle der Deckfarben ebensogut Flüssigfarbe genommen werden, die es ihnen erleichtert, Farbe aufzunehmen.

- Streifen Nass-in-Nass/Streifen auf trockenem Blatt
  Bei beiden Techniken ist die Fähigkeit, einen Pinsel einigermaßen führen zu können Voraussetzung für das Gelingen. Damit ist aber nicht automatisch die Fähigkeit verbunden, eine Schere zu führen. Als geeignetes Mittel zum Zerschneiden von Papieren bietet sich eine kleine Papierschneidemaschine an, die jedoch nicht über ein Messer verfügt, sondern über ein Schneidrad, das geschützt in einer Führung läuft. Die meisten Kinder sind in der Lage, eine solche Maschine zu bedienen.

- Quetschmalerei trocken/Quetschmalerei feucht
  Bei diesen beiden Techniken bewährt sich ebenso das bereits unter Nass-in-Nass Tropfen vorgestellte Gummibällchen mit Pipette zum Farbauftrag sowie anstelle der Deckfarben Flüssigfarbe in Näpfen.

- Laufenlassen eines Tropfens
  Neben der Pipette und Flüssigfarben ist hier ein Blatt mit hochgefaltetem Rand sehr hilfreich. Dieser Rand verhindert, dass bei Kindern mit langsamen Reaktionen die Farbe über das Blatt hinausläuft.

- Verblasen eines Tropfens
  Bei Kindern, denen das Blasen mit dem Mund, aber auch mit dem Strohhalm schwerfällt, kann wieder auf das bereits bewährte Gummibällchen mit Pipette zurückgegriffen werden, das durch kräftiges Zusammendrücken einen Luftstrom erzeugt, wodurch das Verblasen wiederum erreicht wird.

- Fadenziehtechnik
  Bei der Bewältigung dieses Verfahrens kann körperbehinderten Kindern durch eine Reihe unterschiedlicher Hilfsmittel die Erarbeitung erleichtert werden. Zusätzliche Hilfestellung durch den Betreuer wird dennoch zuweilen nötig sein.

Die Fäden und Schnüre in der dem individuellen Aktionsradius des Kindes entsprechenden Länge zuschneiden; d.h. der Faden soll, bei maximalem Hochrecken der Hand über die Arbeitsfläche mit höchstens 5 cm die Arbeitsfläche berühren.

Holzknebel oder größere Holzperlen an einem Ende der Fäden und Schnüre befestigt, erleichtern das Halten und Führen. Zum Einfärben des Fadens kann bei Kindern mit unsicherer oder gestörter Handmotorik ein aus starker Pappe oder aus Holz gefertigter „Schwalbenschwanz" den Borstenpinsel ersetzen.

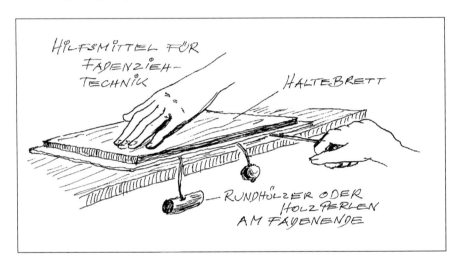

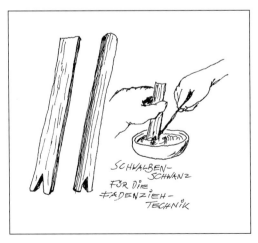

Das Ziehen der Fäden aus dem gefalteten Blatt wird durch ein über das Blatt gelegtes Brett, z. B. ein Reißbrett, das dem Kind ein sichereres Festhalten des Blattes auf der Arbeitsfläche gewährt, erleichtert.

2.2.2 Wachsbügeltechnik

Material: Wachsmalstifte/-blöcke
Transparentzeichenpapier/Butterbrotpapier
Klebeband
Bügeleisen
Zeitung
ergänzend evtl. weiße Stearinkerze
Unterlage (starker Karton/weiße Plastikunterlage)

Malen mit Wachsmalstiften erfreut sich zunehmender Beliebtheit. Neben den üblichen Gestaltungsmöglichkeiten mit dem Medium im formalen Bereich soll hier eine Technik vorgestellt werden, die ihren Reiz durch Farbspiel und Struktur erhält. Als Malmittel empfehlen sich stark wachshaltige Kreiden, die einen dicken, geschlossenen Farbauftrag erlauben und bei Erhitzung schmelzen und zerfließen.

Die Erarbeitung: Das Transparentpapier auf die Größe 10 mal 5 cm zuschneiden (reißen), bei größeren Papieren besteht die Gefahr, dass sie einreißen, was für Kinder nur mühsam zu verhindern ist. Die Papiere möglichst unter Spannung aufkleben. Diagonales Verkleben gewährt dies am ehesten.

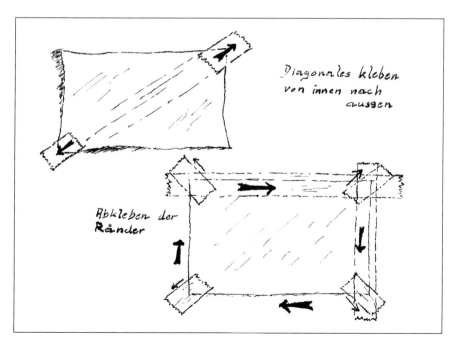

Hierzu vier Klebestreifen abschneiden. Die linke obere Ecke festkleben, wobei der Klebstreifen schräg, zur Mitte des Blattes, angebracht wird. Jetzt den Klebstreifen an der rechten unteren Ecke ebenso, schräg zur Papiermitte zeigend, aufkleben, wobei gleichzeitig das Papier leicht gespannt wird und eine diagonal verlaufende Falte entsteht. Nun die beiden verbliebenen Ecken gleichfalls unter Spannung kleben, bis die Mittelfalte sich geglättet hat. Um ein Einreißen des Papiers während der Arbeit zu vermeiden, kann der Rand zusätzlich rundum festgeklebt werden. Viele Kinder sind nicht in der Lage, Begrenzungen einzuhalten und Malen über den Rand hinaus, wodurch sehr leicht der Rand eingerissen werden kann.

Das so fixierte Blatt mit den Wachsmalstiften und -blöcken flächig und dick einfärben, wobei formales Gestalten unwesentlich ist, auch durchaus zu Enttäuschungen führen kann, wenn ein gegenständlich gestaltetes Blatt gebügelt wird. Die Farbflächen dürfen sich durchaus überschneiden. Hilfreich für Kinder ist ein begrenztes Farbangebot. Jedes Kind bekommt drei Farben.

Kleineren Kindern fällt es schwer, Flächen dicht zu vermalen. Es entstehen lückenhafte Kritzelbilder, die nur schwer zu bügeln sind. Ein abschließender Auftrag von Kerzenwachs (das Blatt mit einer Stearinkerze einreiben) gibt solchen Bildern nach dem Bügeln einen zarten, transparenten Charakter.

Nach Beenden des Malvorganges wird das Blatt vom Tisch gelöst, wobei darauf geachtet werden soll, dass zuerst die Enden der Klebestreifen gelöst werden, die auf dem Papier kleben und nach außen hin abgezogen werden. Dadurch kann das Einreißen des Papiers vermieden werden.

Die Transparentpapiere werden in der Mitte so gefaltet, dass die gemalten Flächen innen aufeinander zu liegen kommen. Das gefaltete Blatt auf eine Lage Zeitungspapier kurz mit heißem Bügeleisen überbügeln und rasch auseinanderziehen. Den Falz mehrmals über eine Tischkante ziehen, um ihn zu glätten.

– Rasches Auseinanderziehen ist deshalb notwendig, weil die Wachsfarbe schnell erkaltet und bei zu langsamem Auffalten hässliche weiße Flecken entstehen. Sollte das passieren, genügt ein nochmaliges Bügeln und rasches Auseinanderziehen, um den Schaden zu beheben.

Das Bügeleisen hinterlässt auf den Farben des Blattes Spuren und Strukturen, die als gestalterisches Element bei dieser Technik eine Rolle spielen. Das kann durch eine entsprechende Führung des Bügeleisens gezielt eingesetzt werden: durch punktuelles Aufdrücken, gerades über die Fläche Ziehen, halbkreisförmige Schwingen mit dem ersten Drittel des Bügeleisens.

a) Hinweise zur Wachsbügeltechnik

Wachskreiden und -blöcke setzen voraus, dass Kinder über die ausreichend große grobmotorische Kraft verfügen, Farbe abreiben zu können. Dieses ist besonders bei der Wachsbügeltechnik notwendig, bei der Flächen geschlossen vermalt werden sollten.

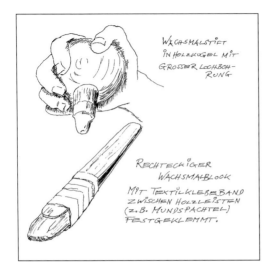

Für körperbehinderte Kinder mit Störungen der Hand- bzw. Feinmotorik bewährten sich Wachsmalblöcke, die zwischen zwei Holzspachtel mittels Klebestreifen (Hansaplast) fixiert werden und dadurch leichter gegriffen und geführt werden können.

Erleichtert wird der Einstieg in diese Technik durch entsprechend kleine Formate der Transparentpapiere.

Kindern, die Schwierigkeiten haben, das Transparentpapier von der Unterlage visuell zu unterscheiden, kann durch eine klare, mit breitem Faserschreiber ausgeführte schwarze Umrandung des Blattes geholfen werden. Auch für Kinder mit Problemen bezüglich des Einhaltens von Begrenzungen kann dies eine brauchbare Hilfe sein.

Wenn nur wenig Kraft vorhanden ist und deshalb die Farbschicht sehr schwach ist, kann dem Kind eine Stearinkerze zum Übermalen des Blattes gegeben werden. Der Wachsfilm der Kerze nimmt die Farbe durch das Bügeln auf, das eine zarte transparente Wirkung ergibt.

Die Schrägstellung der Arbeitsfläche ist besonders für Kinder mit Rollstuhl eine Erleichterung.

2.2.3 Malen mit körpereigenen Mitteln

Tupfbilder, Fingermalerei, großflächiges Malen mit den Händen sowie Drucken mit den Fingern und Händen und Füßen sind nur einige der Möglichkeiten des Gestaltens mit körpereigenen Mitteln. Sie bilden elementare Erfahrungsgrundlagen im Umgang mit dem eigenen Körper und Farben.

Das praktische Erleben unterschiedlicher Malmittel wirkt gerade bei Vorschulkindern sensibilisierend, eröffnet ihnen ihren Körper, ihre Hände und Füße als Werkzeuge und macht ihnen Farbe als körperhaftes und nicht nur optisches Medium begreifbar. Sie entdecken, dass flüssige Farbe, (z. B. Schultempera) verläuft, sich nicht so prägnant auftragen lässt wie pastose Farben (z. B. Fingerfarbe) die dort stehen bleiben, wo sie aufgebracht wurden und dass feste Farben (Farbnäpfe/Temperapuks) mit nassen Fingern fest gerieben werden müssen, um Farbe abzugeben.

Über den Pinsel als zwischengeschaltetes Werkzeug sind solche Eindrücke nicht zu gewinnen.

a) Fingermalerei

Material: Schultempera (Fingerfarbe) karmin, gelb, hell- bzw. dunkelblau, ocker, weiß, evtl. umbra
Kleister
Schreibmaschinenpapier
Evt. Wachstuch grau (möglichst ohne Muster)
Malkittel

Kleister auf den Tisch geben (es darf ruhig etwas üppiger sein); er dient der Farbe als Gleitmittel, um sie geschmeidiger werden zu lassen. Schultempera wie auch Fingerfarbe verlieren schnell ihre Gleitfähigkeit und können sich daher hemmend auf freizügiges Arbeiten auswirken. Wer hygienische Bedenken hat, kann den Tisch mit Wachstuch abdecken. Meine Erfahrung hat jedoch gezeigt, dass sich jeder Tisch gut reinigen lässt.

Farbe direkt aus der Flasche in den Kleister geben. Bei Schultempera, die von flüssigerer Konsistenz ist als Fingerfarbe, wird die Farbe auszufließen beginnen und mehr Anreiz zum Erleben und Arbeiten bieten. Von einer Farbe wird ausgegangen. Die Farbe wird nun mit den Händen im Kleister flächig verteilt. Es entstehen Spuren, Strukturen, Wölbungen, Aufschiebungen.

Eine zweite Farbe wird hinzugegeben. Dadurch entsteht eine Mischfarbe, die sich abstuft in zwei Richtungen: Zur Grundfarbe, zur Sekundärfarbe und zur Mischfarbe. Hier kann bereits das erste Blatt Papier für einen Farbabzug auf die Farbe gelegt werden. Dabei sollte darauf geachtet werden, dass die Rückseite des Blattes sauber bleibt, damit es während des Trocknens nicht auf der Unterlage festklebt.

Bei leichtem Auflegen und sorgfältigem Abziehen wird nur die aufgeschobene Farbe vom Papier aufgenommen und es entstehen Strukturbilder mit farbigen und weißen Spuren im Wechsel. Soll das ganze Blatt farbig werden, mit dem Handrücken das Blatt anstreifen und abziehen (siehe Abb. B auf S. 219).

Eine Variante:

Farbige Papiere stellen einen größeren Anreiz in der Gestaltung dar. Die Grundfarbe des Papiers beeinflusst die abgezogenen Farben und schimmert an manchen Stellen hindurch, wodurch die Farben sich annähern und stimmiger wirken.

Papierstreifen von ca. 10 cm Breite und 20 bis 30 cm Länge eignen sich gut für Fähnchengirlanden. Auch rautenförmige Papiere sind hierfür sehr gut geeignet. Die Kinder können in diesem Fall die Papiere selbst auflegen, andrücken und abziehen, denn Farbe und Kleister stören auf der Rückseite der Papiere nicht.

Zum Trocknen werden die eingefärbten Papiere auf eine gespannte Schnur aufgereiht, indem sie in der Mitte gefaltet und die farbigen Seiten zu beiden Seiten herabhängend befestigt werden.

b) Kleisterpapier

Material: Packpapier, weiß oder braun (feste, wenig saugende Papiere großen Formates)
Kleister
Schultempera
Evtl. Wachstuch als Unterlage
Malkittel

Kleister dick auf das Papier auftragen. Dabei wird das gesamte Blatt bedeckt, um Verwerfungen des Papiers gering zu halten. Farbe hinzufügen. Evtl. mehrere unterschiedliche Farbflecken setzen und mit den Händen verteilen. Spuren mit der Hand, den Fingern, den Fingernägeln ziehen, malen, zeichnen.

Nach dem Trocknen sind die Blätter meist leicht gewellt. Vorsichtiges Bügeln auf der Rückseite kann Abhilfe schaffen.

Abwandlungen:

Gleiches Vorgehen wie beschrieben. Nach Auftrag von Kleister und Farbe die Ecken nacheinander hochheben und über die Blattmitte legen um Farbe und Kleister aufzunehmen, kurz anstreifen, wieder aufklappen. Kleister und Farbe bilden eine gegengleiche Farbstruktur, die differenzierter und farbiger wirkt als beim erstgenannten Verfahren.

c) Hinweise

Die Elementartechnik des Malens mit körpereigenen Mitteln eignet sich besonders für körper- und mehrfachbehinderte Kinder. Das Erlebnis, Spuren zu hinterlassen, wie es für das gesunde Kind selbstverständlich ist, bleibt behinderten Kindern, darunter besonders den körperbehinderten, meist verschlossen. Wie anders aber soll ein Mensch sich im Bezug auf seine Umwelt, auf sich selbst begreifen, wenn nicht dadurch, dass er Spuren hinterlässt.

Kinder bewegen sich, malen, bauen mit Bausteinen, verhüllen sich mit Decken, toben, helfen im Haushalt, graben im Sand – was immer sie tun, sie hinterlassen Spuren, verändern die Umwelt, machen sie sich zu eigen.

Aus dem Rollstuhl heraus ist all dies kaum möglich, besonders wenn auch für einfache Verrichtungen, und sei es nur die Veränderung der Sitzposition im Rollstuhl, fremde Hilfe nötig ist. Auf diesem Hintergrund wird deutlich, wie wichtig es für Körperbehinderte sein kann, mit dem eigenen Körper, den eigenen Händen, Spuren zu hinterlassen, Zeichen zu setzen, etwas zu verändern.

Das Malen mit körpereigenen Mitteln ist nur eine von vielen Möglichkeiten, dies zu erreichen. Voraussetzung ist eine Arbeitsfläche, die körpernahes Arbeiten erlaubt. Nicht jeder rollstuhl-unterfahrbare Tisch bietet schon die Möglichkeit körpernahen Arbeitens, da bei geraden Tischkanten Kinder mit Behinderungen der Arme und Beine keine befriedigende Stabilisierung der Arme erreichen, um mit den Händen einigermaßen sicher arbeiten zu können.

Der Buchtentisch (Hof zum Berge-Tisch und -Stuhl, Hasitisch, WIBU-Tisch etc.) erlaubt das Auflegen der Ellenbogen und dadurch eine Stabilisierung des Oberkörpers. Die Hände können frei arbeiten.

Tischplatten, die an den Armstützen des Rollstuhls festgeschraubt werden, sind wenig geeignet. Alle verfügen sie nur über eine kleine, konstruktions- und stabilitätsbedingte Fläche, die den Aktionsradius stark einschränkt und die meisten dieser Platten sind schräg zum Körper des Kindes angesetzt. Sie erlauben es nicht, auf ihnen mit flüssigen Stoffen zu arbeiten.

Anfängliche, natürliche Materialscheu besonders körperbehinderter Kinder, die nicht gewohnt sind, dass ihre Hände mit anderem als Seife, Wasser und glatten, sauberen Flächen in Berührung kommen, wird erfahrungsgemäß rasch überwunden. Diese Materialscheu oder Berührungsangst resultiert aus einem akuten Mangel an Umwelt- und Materialerfahrung, wie er sich aus den bereits oben genannten Schwierigkeiten des Mobilitätsdefizites ergibt.

Umso notwendiger ist es, besonders diesen Kindern eine Vielzahl unterschiedlicher Materialien in elementarer Weise anzubieten, dies methodisch geschickt zu tun, um Ängste abzubauen und Mut zu machen.

In folgenden Fällen bieten sich diese Techniken in besonderer Weise an:

- Bei allen Störungen im handmotorischen Bereich, die das Halten und Führen von Malutensilien unmöglich machen.

- Bei Störungen der Sensibilität als eine Möglichkeit, Materialerfahrungen und taktil-kinästhetische Erfahrungen zu kombinieren.

- Bei Störungen der symmetrischen Bewegungsabläufe. Sehr viele körperbehinderte Kinder sind kaum in der Lage, mit beiden Händen symmetrische Kreise und Bögen auszuführen. Kleister und Farbe wirken sich hier stimulierend aus und tragen dazu bei, Störungen abzubauen.

Die Erfahrung hat gezeigt, dass viele Kinder mit starken Beugespasmen in den oberen Extremitäten durch die Auseinandersetzung mit diesen Angeboten deutlich lockerer und entspannter wurden. Bei Kindern mit schwerer Spastik in den oberen Extremitäten, relativ guter Bewegungsfähigkeit der Beine und Füße bietet diese Technik die Möglichkeit, mit den Füßen zu malen.

2.2.4 Stempeltechnik

Aufgrund der großen Vielfalt der Verfahren sollen hier nur wenige elementare Techniken angesprochen werden.

Stempeltechniken kommt im gestalterischen Rahmen eine eher untergeordnete Bedeutung zu. Es empfiehlt sich strukturbezogenes Arbeiten. Ornamentaler Bildaufbau wirkt meist eintönig. Die Struktur unterscheidet sich vom Ornament durch ihren organischen Aufbau. Als Beispiel: ein Stempelmuster besteht aus Punkten und Linien. Beim ornamentalen Gestalten würden die Punkte alle von gleicher Größe sein, ebenso die Linien. Ihre Abstände wären gleich groß, es würde in Form von Reihen gearbeitet werden, also zum Beispiel Punkt, Strich, Punkt, Strich usw.

Strukturelles Arbeiten würde bedeuten, dass unterschiedlich große Punkte unterschiedlich großen Linien gegenüber stehen, wiederum in unterschiedlichen Abständen zueinander, sich überschneiden oder sich überlappen (siehe Abb. C auf S. 220).

Um Buntheit, im Gegensatz zu harmonischer Farbigkeit zu vermeiden, sollte das Farbangebot sorgfältig gewählt sein. Die Stempeltechnik bietet gute Voraussetzungen, den Kindern das Gestalten mit einer Farbe nahezubringen, z. B. durch unterschiedlich abgestufte Rot- oder Blautöne, aber auch bei mehrfarbigen Blättern ist es sinnvoll zu versuchen, stimmige Farben vorzugeben, die das Farbempfinden stärken und die Ergebnisse aufwerten.

Die Auswahl der Stempel spielt eine entscheidende Rolle. Es ist ratsam, auf maschinell gefertigte Stempel, wie sie der Handel in großer Menge anbietet, zu verzichten. Sie schränken das fantasievolle Suchen nach brauchbaren Materialien nur ein und verhindern durch ihre figürliche Festlegung freies, kreatives Gestalten.

Ein Hilfsmittel möchte ich gleich am Anfang vorstellen, welches das Verfahren sehr erleichtert. Meist werden die Stempel mit Deckfarben und Pinsel eingefärbt – ein Verfahren das mühsam ist und bald zum Abbruch der Arbeit führt. Hier haben sich einfache Stempelkissen besonders gut bewährt. In Blech- oder Plastikdeckel werden 2 cm dicke, zurechtgeschnittene Schaumstoffplatten gelegt, die mit Wasser angefeuchtet und mit flüssiger, wasserlöslicher Farbe (Schultempera) eingefärbt werden. Auf diese Weise können höchst zufriedenstellende Stempelkissen hergestellt werden, die immer wieder Verwendung finden.

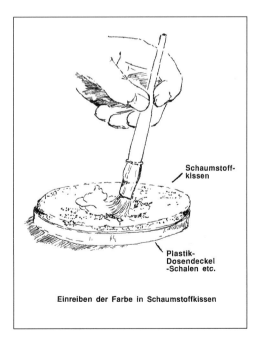

Einreiben der Farbe in Schaumstoffkissen

Sind die Kissen längere Zeit nicht in Gebrauch gewesen reicht es, sie wieder anzufeuchten, etwas neue Farbe hinzuzufügen, damit sie wieder gebrauchsfertig sind. Zudem können die Kinder sehr einfach selbständig ihre Farben mischen, indem sie die Stempel nacheinander in unterschiedliche Farben drücken.

Die Gestaltungsformen mit der Stempeltechnik lassen sich grob in vier Gruppen unterteilen:

a) Willkürlich, ungeordnet: Ein Verfahren, das auch häufig beim Experimentieren mit unterschiedlichen Stempeln zu beobachten ist.

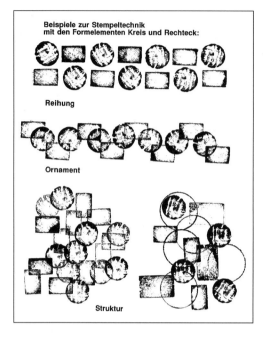

b) Reihen, Ornament: Leider eine sehr beliebte und im Umgang mit Stempeln sich anbietende Form des Arbeitens, meist kombiniert mit sehr eindeutiger Farbgebung, die wenig Spielraum lässt.

c) Struktur, Häufung: Die der Technik angemessenste Form mit großem Spielraum für Form und Farbe.

d) Figürlich, formal: Durch Kombination verschiedener Formen kommt es zu gegenständlich/figürlichen Ergebnissen: Eine mit Vorsicht zu handhabende Art des Stempelns, denn nur selten wird bildhafte Geschlossenheit erreicht.

a) Stempeln mit den Händen

Material: Große Stempelkissen
Flüssige, wasserlösliche Farben
Borstenpinsel (zum Einreiben der Farbe in die Stempelkissen)
Papier (auch farbiges, zum Beispiel Ton- oder Packpapier etc.).

Die Stempelkissen leicht anfeuchten und einfärben. Die Farbe wird auf den Schaumstoff aufgebracht. Da sie nicht sofort einzieht, muss sie mit dem Borstenpinsel eingerieben werden, wodurch überdies eine gleichmäßige Verteilung der Farbe gewährleistet ist.

Das Papier austeilen. Das Erarbeiten geschieht in beliebiger Reihenfolge. Sinnvoll ist es, die Kinder zum Experiment zu motivieren.

Gestempelt wird mit den Händen. Hierbei soll Wert auf die vielfältigen Möglichkeiten des Einsatzes der Hände gelegt werden. Jede Fingerkuppe gibt einen anderen Abdruck wieder. Einzelne Finger gestreckt ergeben ebenso unterschiedliche Abdrücke. Die Handkante: Gestreckt, unterschiedlich stark gekrümmt, zur Faust geschlossen. Handballen, Handfläche, Knöchel, Handrücken usw. werden eingesetzt.

Nach dem Experimentieren kann gezielt auf die Gestaltung weiterer Blätter eingegangen werden. Interessante Ergebnisse lassen sich auch mit den Füßen erzielen, sowie durch Mischen von Hand- und Fußabdrücken.

Vermieden werden sollte das einfache, stereotype Abdrucken der ganzen Hand oder des ganzen Fußes. Dies kann als Gestaltungselement einbezogen werden, sollte sich aber nicht darin erschöpfen. Auch hier, wie bei maschinell gefertigten Stempeln, tritt eine formale Festlegung ein, die das schöpferische Gestalten hemmt.

b) Stempeln mit unterschiedlichen Materialien

Material: Beliebige Stempel, wie z. B. unterschiedlich große Flaschenkorken, Wellpappe, Holzleisten, verschieden stark geknüllte Papiere, Aststücke (Hirnholz), Schaumstoff, Rindenstücke, Schraubdeckel (Zahncreme-, Flaschen-, Kosmetikbehälterdeckel etc.), Kartoffelstampfer (Spirale) und vieles andere mehr
Papiere (auch farbige)
Stempelkissen
Flüssige, wasserlösliche Farbe (z. B. Schultempera)
Borstenpinsel

Die Farben auf die angefeuchteten Stempelkissen geben und mit dem Borstenpinsel einreiben. Die Papiere in entsprechender Größe austeilen, die Kinder ihre Stempel wählen lassen. Mehrere unterschiedliche Stempel verhindern Eintönigkeit und Gleichmaß.

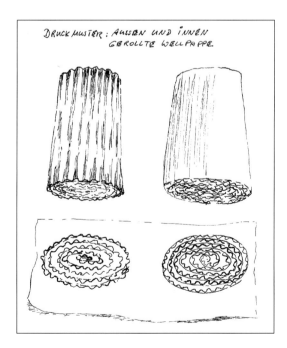

c) Materialdruck

Material: Verschiedene Stoffreste (Jute, Gaze, Stores, Leinen, strukturierte Baumwollstoffe etc.)
Rohe Holzbrettchen (Kiefer, Fichte, etc.)
Wellpappe, Blätter, Gräser, Farne, Obstnetze, und anderes mehr
Stempelkissen
Flüssige, wasserlösliche Farben (Schultempera)
Papier
Gummiwalze (Linoldruckwalze)
Zeitungspapier

Bei diesem Verfahren wird flächig gearbeitet. Es lässt sich aber auch gut mit den zuvor besprochenen Techniken kombinieren. Die unterschiedlichen Materialien werden durch Auflegen und Andrücken auf das Stempelkissen (hier sind größere Stempelkissen, etwa 15 mal 20 cm nötig) eingefärbt.

Als nächstes die Materialien auf das Papier auflegen. (Bei Stoffen und ähnlichem Material kann es von Vorteil sein, wenn sie nicht ganz glatt aufliegen, sondern Knicke und Falten aufweisen, oder Richtungsänderungen in der Struktur.)

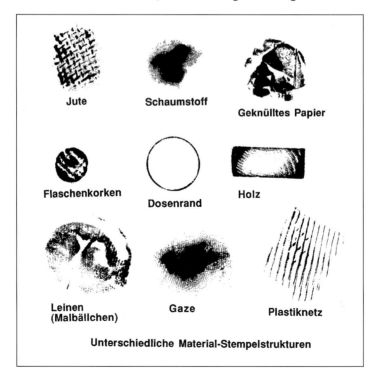

Unterschiedliche Material-Stempelstrukturen

Mit Ausnahme von festen Druckkörpern, wie z. B. Holz oder Wellpappe, die von Hand aufgepresst werden, die Farbträger mit Zeitungspapier abdecken und mit der Gummiwalze fest andrücken.

Das Abdecken des eingefärbten Materials soll unerwünschte Farbflecken verhindern, die auftreten würden, würde der Farbträger unmittelbar mit der Walze angepresst und die Walze hierbei eingefärbt. Zeitungspapier und Farbträger abnehmen und mit anderem Material das Verfahren auf demselben Blatt wiederholen.

d) Walzendruck

Material: Gräser, Blätter, Farne, Holz, Stoffe, Netze
und vieles andere mehr
Glas, Resopal- oder Hartplastikplatten (ca. 20 bis 30 cm)
Mehrere Gummiwalzen
Dickflüssige Farbe (auch Linoldruckfarbe)
Papier
Zeitungspapier

Zarte, gleichzeitig aber auch klare Strukturen erhält man über dieses Verfahren. Allerdings ist es in der Durchführung schwierig und aufwendig in der Verarbeitung.

Zunächst wird ein wenig Farbe auf die Glasplatte gegeben. Mit der Farbwalze (für jede Farbe eine Walze) dünn ausrollen. Auf einer Zeitungsunterlage das einzufärbende Material auflegen und mit der Farbwalze einfärben. Durch den dünnen Farbauftrag werden nur die erhabenen Teile des „Druckstockes" gefärbt, bei Blättern zum Beispiel die Blattrippen, -stengel und -ränder.

Das eingefärbte Material mit der Farbe nach unten auf das Papier auflegen und mit einem Zeitungsblatt abdecken, um nicht das Blatt, auf dem gedruckt wird, zu beschmutzen. Nun kurz und kräftig einmal mit der Farbwalze den Druckstock anrollen.

Bei mehrmaligem Überrollen entstehen Verschattungen, die den Abdruck unscharf erscheinen lassen, was jedoch auch als Gestaltungselement einbezogen werden kann. Soll der Abdruck jedoch klar und scharf sein, darf nur einmal kräftig gewalzt werden. Zeitungspapier und „Druckstock" entfernen und mit anderem – oder demselben, neu eingefärbten – Material weiterarbeiten.

e) Schablonendruck

Material: Zeitungspapier
Zeichenblockpapier, auch farbige Tonpapiere, Packpapiere etc.
Malbällchen, Druckstempel, Korken, Hirnholz etc.
Stempelkissen
Wasserlösliche Flüssigfarbe (Schultempera)

Gearbeitet wird bei diesem Verfahren mit Schablonen, die aus Zeitungspapier gerissen werden. Als Einstieg bietet sich an, die Kinder ein Blatt Zeitungspapier in der Mitte langsam durchreißen zu lassen, wobei Wellen und Buchten an der Reißnaht zur Belebung des Bildes beitragen.

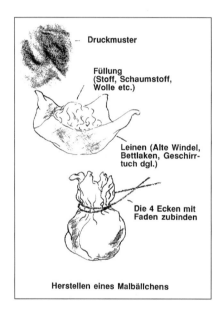

Mit dem gerissenen Zeitungspapier wird das Blatt, auf dem gestempelt werden soll, so abgedeckt, dass über der Reißlinie noch ein Rand zum Bestempeln zu sehen ist. Das Malbällchen (oder andere geeignete Druckstempel) wird auf dem Stempelkissen eingefärbt. Damit auf dem Rand der gerissenen Schablone eng aufeinanderfolgend so entlang stempeln, dass die Hälfte des Stempels auf dem darunter liegenden Papier zu stehen kommt.

Die Schablone im Folgenden nach unten und zur Seite verschieben und stempeln, bis das Blatt mit sich überschneidenden Wellenlinien bedeckt ist. Hierbei kann ein- oder mehrfarbig gearbeitet werden.

Formal abweichende Schablonen lassen sich durch unterschiedliche Reißränder erarbeiten, wie z. B. Negativschablonen: In das Zeitungspapier gerissene Figurationen, die innen ausgestempelt werden, oder Positivschablonen: Figurationen ausreißen, auflegen, umstempeln.

f) Hinweise

– Stempeln mit unterschiedlichem Material:

Für körper- und mehrfachbehinderte Kinder gut geeignet sind große Stempelkissen und große handliche Stempel.

Zeitungspapier geknüllt ist auch für Kinder mit gestörter Handmotorik gut einsetzbar. Auch große Stempelblöcke mit Griffen (Große Holzmöbelknöpfe, Rundhölzer etc.); mit unterschiedlichen Materialien beklebt kann mit ihnen sehr frei gestaltet werden. Hergestellt werden können solche Stempelblöcke aus Sperrholz oder Massivholz. Die Platten sollten 15 cm im Quadrat nicht übersteigen, da sonst die Handhabung der Stempel schwierig wird.

Auch eine Vielfalt an Material und Form als Druckgeber ist anzuraten. Verwendet werden können Stoffe (möglichst grobe), das Holz der Stempelblöcke (wobei es ratsam ist, die Kanten willkürlich abzurunden, um all zu scharfe und damit formal festlegende Formen zu vermeiden), Kork, Strukturtapete und anderes mehr. Diese Farbträger sollten in möglichst organischer Form aufgeklebt werden und nicht der exakten Form (rund oder eckig) der Stempelblöcke folgen, da dies den gestalterischen Möglichkeiten Grenzen setzt, und leicht zu schematisch ornamentalen Gestaltungsformen führt.

Die Griffe der Stempel sollten durch Schrauben auswechselbar sein. Erfahrungsgemäß braucht fast jedes körperbehinderte Kind einen individuell für seine handmotorischen Probleme angefertigten Griff.

Die bereits erwähnten Stempelkissen sollten für Kinder mit Problemen der Zielsicherheit (Ataxie – Intentionstremor) großflächig ausgelegt und rutschfest sein, z. B. durch rutschfeste Unterlagen, Klettband und ähnliches.

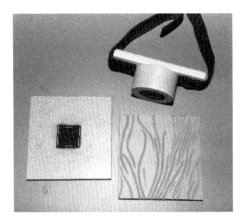

Bei starker arm- und handbetonter Behinderung, aber relativ guter Bewegungsmöglichkeit der Beine und Füße, bietet diese Stempeltechnik gute Ansätze zur gestalterischen Arbeit mit dem Fuß. Viel Fantasie, Einfühlungsvermögen und Experimentierfreude sind erforderlich, um hier für das Kind befriedigende Ergebnissen zu erreichen.

Je nach Bewegungsfähigkeit müssen die Stempelgriffe anders beschaffen sein. Schlaufen genügen oftmals. Speziell gefertigte Griffe, die mit dem Zwischenraum zwischen großem Zeh und erstem kleinen Zeh aufgenommen und geführt werden, können aus Holz oder Kunststoff gefertigt werden. Auch hier ist es sinnvoll, die Griffe auswechselbar zu erstellen.

Ist der Betroffene zu so differenzierten Bewegungen der Beine und Füße in der Lage, dass er die Stempel selbständig aufnehmen und absetzen kann, ist es hilfreich einen „Setzkasten" für die Stempel zu bauen, in dem die Stempel stehen und aufgenommen werden können, ohne dass sie weg-rutschen.

Die Lage des Papiers, das bedruckt werden soll, ist ebenso zu beachten. Das Kind muss sehen, was es mit den Füßen druckt. Auch hier muss die besondere Problematik jedes Kindes berücksichtigt werden. Manchmal bietet eine einfache Lageveränderung des Kindes bereits gute Ansätze, z. B. halbliegende Haltung. Schrägverstellbare Platten als Träger für die Papiere können ebenso gute Dienste leisten.

– Material-Walzendruck:

Gut geeignet für Kinder, deren Handmotorik kaum oder nur wenig gestört ist. Eine Vielfalt an Material ist im Hinblick auf Materialerfahrung und Fantasie von großem Vorteil. Auch bei Kindern mit Defiziten im planvollen Vorgehen (Handlungsplan) und Problemen in der Merkfähigkeit und im Einhalten von Reihenfolgen ist diese Technik gut einsetzbar.

– Schablonendruck:

Der Schablonendruck setzt differenzierte Zielsicherheit und eine gewisse Übung mit dem Stempeln voraus. Darüber hinaus erfordert er einiges Geschick im Reißen von Papier, so dass auch diese Technik sich besonders für Kinder mit intakter Handmotorik eignet.

Hervorgehoben sei jedoch an dieser Stelle das Malbällchen, das sich auch hervorragend für andere Mal- und Stempeltechniken anbietet. Hergestellt wird es aus einem quadratischen Stück Stoff, 15 x 15 cm, das mit Schaumstoff, Watte, Wolle oder ähnlichem gefüllt und dann oben zusammengebunden wird. Auch schwer handmotorisch gestörte Kinder sind meist in der Lage, ein solches Bällchen zu ergreifen, festzuhalten und damit zu malen.

2.3 Farbiges Gestalten mit Papier

2.3.1 Gestalten mit Transparent- und Seidenpapier

Im Folgenden werden vier Techniken mit Transparent- und Seidenpapier vorgestellt. Es sollte möglichst bei diesem Verfahren direkt am Fenster gearbeitet werden, um das unmittelbare Erlebnis des Entstehens und Wirkens der Bilder haben zu können, aber auch, um zu vermeiden, dass durch zu viel übereinander geklebte Papiere lichtundurchlässige Verdichtungen entstehen.

Diese Techniken bekommen ihr gestalterisches Gewicht in der Verdichtung von Farbe durch Übereinanderkleben mehrerer gleichfarbiger Blätter, oder in der Mischung der Farben beim Übereinanderkleben von unterschiedlich gefärbten Papieren. Hierdurch bietet diese Technik einen guten Ansatz, Farbe und ihre Eigenschaften kennenzulernen.

Anders als beim Malen mit Deckfarben kann hier unmittelbar, ohne Festlegung und Misserfolgserlebnisse, experimentiert werden. Das Korrigieren der Farben kann durch Wegnehmen oder Hinzufügen eines oder mehrerer Blätter erreicht werden.

Bei der Auswahl der Papiere sollte bedacht werden, dass Seidenpapiere aufgrund ihrer matten Oberfläche und der differenzierten Farbigkeit sich zwar sehr gut anbieten, aber bei zu feuchter Verarbeitung (z.B. mit Kleister) sehr stark färben. Darüber hinaus bleichen die Papiere bei direkter Lichteinwirkung am Fenster nach einiger Zeit aus.

Transparentpapiere sind fester und steifer als Seidenpapiere. Die Farbpalette ist weniger differenziert. Der Glanz der Papiere wirkt grell und aufdringlich. Vorteilhaft ist jedoch, dass sie auch bei starker Durchfeuchtung nicht färben. In Verbindung mit Kleister verlieren sie ihren Glanz, ohne aber an Farbkraft einzubüßen.

a) Fensterbild einfarbig

Material: Seidenpapiere
Klebstoff (Klebepaste)
Transparent-Zeichenpapier (Butterbrotpapier)
Klebstreifen

Zur Herstellung einfacher Fensterbilder sollte das Transparent-Zeichenpapier und das Seidenpapier gleichformatig (z. B. DIN A4 oder DIN A3) angeboten werden, wobei kleinere Formate sich für Kinder leichter bewältigen lassen. Jedes Kind klebt mit zwei Klebstreifen sein weißes Transparentpapier ans Fenster, so dass es sich in für sie günstiger Arbeitshöhe (Augenhöhe, nicht über Kopfhöhe), befindet, zum einen, um mühelos die Entstehung seines Werkes betrachten zu können, zum anderen, um frühzeitiges Ermüden durch Über-Kopf-Arbeiten zu verhindern.

Möglichst helle Farbtöne sollten angeboten werden, die mehrmaliges Überkleben ohne starke Verdichtung erlauben. Nach der Auswahl der Farbpapiere werden diese im Breitformat zu Streifen gerissen, wobei die einzelnen Streifen Buchten, Wellen, Zacken und Bögen aufweisen, die zur Belebung der Bilder beitragen. Die einzelnen Streifen werden nun überlappend von oben nach unten auf das weiße Transparentpapier geklebt.

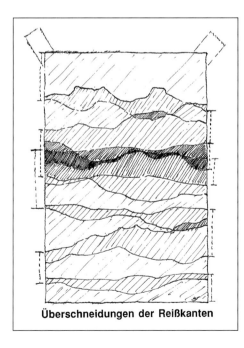

Überschneidungen der Reißkanten

Es genügt hierbei, an jedem Ende der Papiere einen kleinen Klebepunkt zu setzen. Pastenkleber eignet sich hierfür besser als Flüssigkleber, da sie das Papier nicht befeuchten und zum Ausfärben bringen.

Die Kinder sind erfahrungsgemäß erstaunt, welche Wirkung mit einer einzigen Farbe erzielt werden kann und selbst sehr bald in der Lage, die Verdichtungen so zu versetzen, dass sie noch durchscheinend, aber nicht schwarz deckend erscheinen.

b) Fensterbild mehrfarbig

Material: Seidenpapier in verschiedenen Farben
Transparent-Zeichenpapier
Klebstoff, pastos
Klebstreifen

Das Verfahren unterscheidet sich nur dadurch, dass ein Bild mit unterschiedlichen farbigen Papieren angestrebt wird. Bei der Auswahl der Farben ist es ratsam, nur drei Farben je Bild zu verwenden. Durch vergraute, kühle Farbtöne im Hintergrund und kräftige, warme Farben im Vordergrund lassen sich perspektivische Wirkungen herstellen, die besonders älteren Kindern Freude bereiten.

Diese Technik eignet sich besonders zur Sensibilisierung der Farberziehung, zur Einführung der Phänomene der Farbmischung, auch zur Bewusstmachung von harmonischen und disharmonischen Farbklängen.

c) Kleister-Fensterbild

Material: Farbige Transparent- oder Seidenpapiere
Transparent-Zeichenpapier
Kleister
Zeitungspapier
Klebeband (Kreppband)

Hier können beide Papiersorten verwendet werden. Man muss aber bedenken, dass Seidenpapiere in feuchtem Zustand stark färben. Wird direkt am Fenster gearbeitet – was zu empfehlen ist – sollten der untere Fensterrahmen wie auch Fensterbrett oder Boden mit Zeitungspapier abgedeckt werden, besonders wenn der Rahmen aus unbehandeltem Holz besteht oder der Boden mit Linoleum ausgelegt ist. Beides bindet Farbe stark an sich.

Dann wird das Zeitungspapier mit Krepp-Klebeband ein paar Zentimeter über dem Rahmen durchgehend auf dem Fensterglas festgeklebt. Der herabtropfende, durch das Papier gefärbte Kleister, der von den Kindern meist sehr üppig aufgetragen wird, kann dann Holz oder Fußboden nicht verschmutzen, wodurch sich Putzarbeiten erübrigen. Transparentpapiere färben in nassem Zustand nicht aus. Dennoch empfiehlt sich das Abdecken von Rahmen, Fensterbänken und Böden (Kleister wirkt auf dem Boden wie Glatteis!).

Welches Papier gewählt wird, spielt für das Verfahren selbst keine Rolle. Zur Farbgestaltung wird dem Seidenpapier jedoch der Vorzug gegeben, da es differenziertere Farbspiele zulässt. Im folgenden Beispiel wird von Seidenpapier gesprochen, das aber ebensogut durch Transparentpapier ersetzt werden kann.

Die Kinder dürfen sich je 3 Farben Seidenpapier aussuchen. Mehr Farben bringen Verwirrung und auch Farbmischversuche geraten leicht daneben. Die Papiere werden willkürlich in größere und kleinere Stücke gerissen. Ein Bogen Transparent-Zeichenpapier wird auf dem Tisch eingekleistert (möglichst ohne trockene Stellen), an das Fenster geklebt und da noch einmal auf der Vorderseite eingekleistert und dabei gleichzeitig geglättet.

Das gerissene Seidenpapier Blatt für Blatt überlappend und überschneidend aufkleben und immer wieder leicht mit Kleister bestreichen, damit gewährleistet ist, dass das nächste aufgelegte Blatt auch hält. Während des Entstehens des Farbbildes darauf achten, dass die Verdichtungen noch lichtdurchlässig bleiben.

Das fertige Bild erfährt eine besonders starke Wirkung durch einen lichtundurchlässigen Rahmen aus Zeichenkarton oder Tonpapier, wobei auch besonders schöne Ausschnitte hervorgehoben werden können.

Abwandlung:
Bei sehr großen Fenstern – viele Kindergärten und Schulen zeichnen sich durch überdimensionierte Fensterflächen aus –, bietet es sich an, dieses Verfahren nach dem Vorbild der Bleiverglasung über klar begrenzte Fensterflächen anzuwenden, wobei entsprechend große Teile frei bleiben, um den Ausblick nach draußen und den Lichteinfall nicht zu behindern. Mehrere Ziele können hiermit erreicht werden:

- Die großen Flächen werden in sich gegliedert und grenzen damit das „Draußen" von „Drinnen" ab. Dies wird dazu verhelfen, sich drinnen geborgener zu fühlen, aber auch alles, was man draußen sieht, neu und differenzierter wahrzunehmen.

- Das Licht wird besser dosiert und differenziert. Der Raum wird dadurch nicht mehr schatten- und übergangslos ausgeleuchtet, sondern Licht und Schatten gliedern ihn räumlich und lassen ihn lebendiger wirken.

- Farbige Lichtspiele beleben Wände und Böden; Flecken wandern mit dem Sonnenlicht und verleihen dem Raum eine behagliche Atmosphäre.

Da Seidenpapier ausbleicht, wird hier besser Transparentpapier genommen. Um zu große Buntheit, wie sie leicht bei größeren Flächen entsteht, zu vermeiden, sollte von vornherein das Farbangebot reduziert werden. Die Verwendung der Grundfarbe Rot, Gelb, Blau scheint die günstigste Lösung, da darin viele Gestaltungsvarianten erreicht werden können.

Arbeiten mit nur zwei Grundfarben kann sehr anregend sein, besonders, wenn mehrere Fenster zur Gestaltung verfügbar sind und jedes Fenster mit jeweils zwei Farbklängen gestaltet wird. Als Vorgabe empfiehlt es sich, die abzuklebende Fensterfläche durch einen Wachsmalstift abzugrenzen, um unnötiges Korrigieren und Putzen nach Abschluss der Arbeiten zu vermeiden. Auf das Unterlegen der Bilder mit weißem Transparentpapier kann hier verzichtet werden. Die farbigen Papiere werden direkt auf das Fenster geklebt.

Das fertige Fensterbild rundum mit breiten Streifen aus Tonpapier abkleben. Die Wirkung der Farben wird dadurch gesteigert. Zudem dient dieses Abkleben als Abgrenzung der farbigen Flächen gegenüber dem dahinterliegenden Landschaftsausschnitt, der auf diese Weise ebenso einen Rahmen erhält und Steigerung erfährt. Die Tonpapierstreifen werden zum Aufkleben beidseitig dick eingekleistert, um ein Verwerfen zu vermeiden.

Soll das Fensterbild wieder entfernt werden, wird es mit einem Lappen und Wasser angefeuchtet. Der größte Teil des Bildes lässt sich dann mühelos abziehen. Reststücke können nach abermaligem Einfeuchten mit einem Spachtel ohne Mühe abgekratzt werden. Seit einiger Zeit gibt es auf dem Markt Schaber mit Klingen, die jede Reinigung von Fenstern erheblich erleichtern. Auch Transparentfolien, Fingerfarben oder transparente Fensterfarben können damit abgeschabt werden.

d) Seidenpapier-Verschiebebild

Material: Farbige Seidenpapiere
Transparentpapier weiß
Zeitungspapier
Krepp-Klebeband

Zur Vorbereitung dieses Verfahrens sollten die unteren Fensterteile, -rahmen, -bank und Boden in der beschriebenen Weise mit Zeitungspapier abgedeckt werden. Bei dieser Technik eignet sich Seidenpapier deshalb so gut, weil es hohe Transparenz aufweist, die beim Verschieben der Papiere und den hierbei entstehenden Verdichtungen immer noch lichtdurchlässig bleibt.

Die Seidenpapiere in handtellergroße Stücke reißen. Auch hier sollte das Farbangebot auf höchstens 3 Farben begrenzt werden. Das Transparent-Zeichenpapier wird in DIN A4 oder DIN A3 Format angeboten, einseitig eingekleistert und an das Fenster geklebt. Darauf die Vorderseite einkleistern und den Kleister glattstreichen. Mehrere Papiere auf das eingekleisterte Transparentpapier auflegen und ebenfalls einkleistern.

Sodann die Papiere zueinander verschieben. Dadurch entstehen Falten und Knicke, verdichten sich zu neuen Farbvariationen, teils als einfarbige Hell- und Dunkelabstufungen, teils als Farbmischungen durch verschiedenfarbige Papiere. Auch hier wirkt sich nach dem Durchtrocknen des Bildes ein Passepartout steigernd für Farbe und Form aus.

e) Hinweise

Die Grundlage der Arbeit mit den vorgestellten Techniken bildet das Reißen der Papiere. Geistig- und/oder körperbehinderten Kindern, aber durchaus auch Kindern im Vorschulalter kann das Reißen Schwierigkeiten bereiten. Häufig ist zu beobachten, dass die Kinder mit beiden Händen in ihrem Schulterabstand das Blatt ergreifen, es zusammenraffen und dann versuchen, es zu reißen, was scheitern muss. Es kommt hierbei zur Faserverdichtung, die sich der geringen Kraft der Kinderhände als unüberwindbare Gegenkraft entgegenstellt.

Das Reißen muss also gelernt werden. Das einfachste Mittel ist, dass der Erzieher, Betreuer, Lehrer selbst Papier reißt und sich die Technik, die er routinemäßig handhabt, ins Bewusstsein ruft.

Das Reißen setzt sich aus mehreren, komplexen Bewegungsabläufen der Hände zusammen. Ausgangsstellung: Die Hände kommen vor der Körpermitte zusammen. Beide Hände nehmen das Papier an der Außenkante auf, ohne es zu knüllen. Nun setzt eine gegenläufige Bewegung der Hände den Reißvorgang fort. Während die eine Hand sich zum Körper hin und abwärts bewegt, bleibt die andere Hand in ihrer Position stehen, oder bewegt sich vom Körper weg nach vorne und oben.

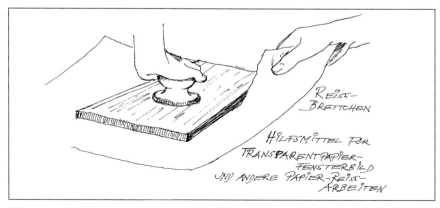

Diese Bewegungsabläufe, die für uns selbstverständlich sind, können für behinderte Kinder äußerst schwierig, sogar undurchführbar sein. Körperbehinderte mit Störungen nur einer Körperseite (Hemiplegie) haben es hier besonders schwer. Je nach Schweregrad sollte die hemiplegische Hand als Hilfshand eingesetzt werden, die das Papier auf dem Tisch festhält, während mit der gesunden oder weniger betroffenen Hand gerissen wird. Ein Brettchen mit Griff, ähnlich dem Mörtelbrett, erleichtert das Festhalten, wie das Reißen des Papiers, da über die Kante des Brettchens gerissen wird (siehe Abbildung links unten).

Bei Kindern, die ohne Hilfestellung nicht auskommen, muss man sich zur Handführung entschließen, was so passiv wie möglich geschehen sollte. Oft reicht es aus, die Hände der Kinder in der richtigen Position an das Papier zu legen und die Papierkante leicht anzureißen, um dem Kind das endgültige Auseinanderreißen zu ermöglichen.

Die besondere Schwierigkeit für körperbehinderte Kinder zeigt sich beim Arbeiten direkt am Fenster. Dies ist nur möglich, wenn man stehen kann. Je nach Anordnung der Fenster und Fensterbankhöhe kann am offenen Fenster gearbeitet werden, indem der Rollstuhl oder eine andere entsprechende Sitzgelegenheit darunter geschoben wird. Leider ist das aber nur selten zu realisieren, weil entweder die Fenster zu hoch eingebaut sind, meist auf 85 cm Fensterbankhöhe oder zu niedrig, um einen Stuhl darunter zu stellen. Zudem müssen die Fensterflügel so arretiert werden, dass sie weder bei Luftzug weiter auffliegen, noch beim Arbeiten am Glas sich durch Druck vom Kind wegbewegen.

Meist kann nur ein Kind an einem Fenster arbeiten. Das Material soll in seiner Reichweite auf einem Tisch greifbar sein. Günstiger für Körperbehinderte ist es, auf dem Tisch zu arbeiten und die Blätter ab und zu gegen das Licht zu halten, oder halten zu lassen.

Das Fensterbild über ganze Fensterflächen kann ebenso auf dem Tisch erstellt werden. Dann allerdings ist es notwendig, auch dies auf transparentem Zeichenpapier aufzukleben, das vorher auf die Größe des Fensters zugeschnitten wurde.

Das beste Hilfsmittel ist freilich ein leichter, verstellbarer Holzrahmen mit Glas- oder besser Plexiglasplatte, um Verletzungsgefahren auszuschalten. Auf dem Tisch gegen das Licht aufgestellt, kann eine solche Platte dem Kind das Fenster ersetzen. Lediglich das Seidenpapier-Verschiebebild ist auf dem Tisch nicht realisierbar, da für dieses Verfahren der unmittelbare Lichteinfall notwendig ist. Ist ein Rahmen, wie er oben beschrieben wurde, verfügbar, kann auch diese Technik Körperbehinderten angeboten werden.

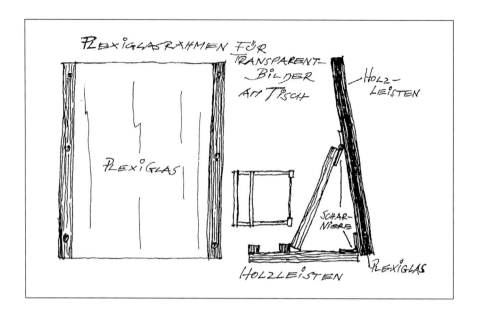

2.3.2 Transparentfolien-Bild

Material: Selbstklebende, farbige Transparentfolien
Scheren
Papierschneidemaschine
Schwarze Volltonfarbe, schwarzes Tonpapier und Kleister
Borstenpinsel

Seit mehreren Jahren wird im Handel farbige, selbstklebende Transparentfolie angeboten. Für Fensterflächen, die über einen längeren Zeitraum farbig gestaltet werden sollen, bieten sich diese Folien sehr gut als Materialien an. Sie sind lichtbeständig. Allerdings sind sie teuer. Sinnvoll sind sie nur bei solchen Kindern einsetzbar, die im Gebrauch von Scheren geübt sind und eine ausreichend differenzierte Feinmotorik bereits ausgebildet haben, mit deren Hilfe sie auf der Folie klebendes Papier abziehen können.

Bevor mit dem Schneiden und Kleben begonnen wird, sollte mit schwarzer Volltonfarbe und breitem Borstenpinsel die zu beklebende Fensterfläche abgegrenzt werden. Die so gekennzeichnete Fläche kann nun einfach farbig beklebt werden oder aber noch einmal mit feinerem Strich figürlich oder strukturell gegliedert werden. Vor dem Bekleben des Fensters sollte geprüft werden, ob die Konturfarbe auch wirklich trocken ist.

Je nach Möglichkeiten der Kinder können diese die Folienfläche zerschneiden oder figürlich zu arbeiten versuchen, wobei es sinnvoll ist, dies möglichst skizzenhaft zu tun und auf liebevoll gearbeitete Details zu verzichten, die im Gesamtbild dann nicht recht zur Geltung kommen. Ohnehin ist es sinnvoll, bei dieser Arbeit mehr von der ganzheitlichen Stimmigkeit der Farbfläche auszugehen und nicht bei Details zu verharren. Hierzu ist es ratsam, wie zuvor bei den Transparentbildern beschrieben, ein reduziertes Farbangebot anzubieten.

Das Abziehen der Papiere von der Folie kann sich für manche Kinder als mühsam herausstellen. Als Hilfestellung genügt es meist, eine Ecke der Folie zu lösen. Das Aufkleben der Folie jedoch gehört zum schwierigsten Teil der Arbeit, denn Luftblasen und Falten sollten möglichst vermieden werden.

Es sollte versucht werden, mit den Kindern gemeinsam die Farbgestaltung zu überlegen.

a) Hinweise

Selbständige Bewältigung der Aufgabe wird zumeist körperbehinderten Kindern erhebliche Schwierigkeiten bereiten, in manchen Fällen unmöglich sein. Dennoch hat die Erfahrung gezeigt, dass das Mitwirken an der farbigen Gestaltung mit Folien auch für Körperbehinderte möglich ist und zu Erfolgserlebnissen und Freude führt. Als erstes Hilfsmittel hierzu ist die Rollmesser-Papierschneidemaschine zu nennen. Ein Großteil der körperbehinderten Kinder ist in der Lage, diese Maschine zu bedienen.

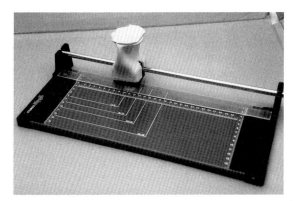

Ergänzend kann aus Kunststoff-Form-Material (in Orthopädiegeschäften erhältlich) oder mit Karton unterlegten Gipsbinden ein Aufsatz gebaut werden, der die Bedienung der Schneidemaschine mit dem Handgelenk oder dem Unterarm ermöglicht.

Im Handel werden zudem eine Reihe mehr oder weniger brauchbarer Spezialscheren für Behinderte angeboten. So zum Beispiel eine selbstöffnende Schiebeschere, Scheren mit Griffen anstelle der Greiflöcher, ebenfalls über Federn selbst öffnend. Die Linkshänderschere sollte im übrigen zur Standardausrüstung jedes Kindergartens und jeder Schule gehören.

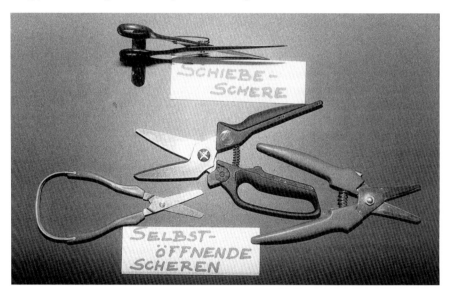

2.3.3 Collage-Techniken

Zu dieser umfassenden Thematik werden hier wiederum nur wenige elementare Techniken angeführt. Die gestalterischen Möglichkeiten sind vielseitig, setzen aber das Überblicken komplexer Handlungsabläufe voraus.

a) Buntpapierreißbild

Material: Farbige Faltpapiere
Farbige Tonpapiere
Großer Bogen Packpapier
Kleister
Kleisterschälchen
Evtl. Wachstuchtischdecken

Faltpapiere werden wieder jeweils in drei Farben an die Kinder ausgeteilt. Berücksichtigt werden sollte, dass das farbige Tonpapier, auf welches später die gerissenen Faltpapiere aufgeklebt werden, als zusätzliche Farbe von Bedeutung ist.

Die Faltblätter werden zu größeren und kleineren Stücken gerissen (nicht zu kleine Fetzchen, da dies für die Gesamtgestaltung eher abträglich ist und das Aufkleben unnötig erschwert).

Das Tonpapier in DIN A4-/A3-Formaten an die Kinder austeilen. Beidseitig einkleistern und die gerissenen Faltblätter aufkleben und mit Kleister aufstreichen. Dies geschieht mit den bloßen Händen.

Den großen Bogen Packpapier auf dem Boden ausbreiten und die fertigen Bilder mit Abstand aufkleben. Das Einkleistern der Packpapiere erübrigt sich, denn die Tonpapiere sind bereits beidseitig eingekleistert worden. Nach dem Durchtrocknen können die Kinder selbst entscheiden, ob sie das Werk als Gesamtheit in Form einer Gruppenarbeit definieren oder ob jedes Kind sein Bild für sich beansprucht; im letzteren Fall braucht das Packpapier lediglich entsprechend aufgeschnitten zu werden.

b) Tonpapier-Streifen-Collage

Material: Farbige Tonpapiere
  Papierschneidemaschine
  Stahllineal
  Glasplatte ca. 20 bis 30 cm
  Klebstoff (flüssig oder pastos)

Farbige Tonpapiere zur Auswahl stellen. Drei bis vier Farben auswählen lassen und auf gleiche Größe schneiden. Erfahrungsgemäß ist das DIN A4-Format am geeignetsten für diese Technik.

Unter den gewählten Papieren eine Farbabfolge festlegen.

Das erste Tonpapier in Längsrichtung mit der Papierschneidemaschine in unterschiedlich breite Streifen schneiden.

Diese Streifen nun auf dem 2. Tonpapier so anordnen, dass sie dieses bedecken, wobei zwischen den Streifen unterschiedlich große Abstände bestehen bleiben.

Dies kann in unterschiedlicher Weise geschehen. Eine Möglichkeit besteht darin, sich am breitesten und schmalsten Streifen zu orientieren und entsprechende Anordnung von schmal nach breit anzustreben. Die Zwischenräume würden dann gegengleich, von breit zu schmal verlaufen, also von links begonnen: Breiter Zwischenraum (orientiert am breitesten Streifen), schmalster Streifen, Abschluss rechts, schmaler Zwischenraum (orientiert am schmalsten Streifen), zwischen vorletztem und letztem, breitesten Streifen.

Aufgrund der auf Abstand geklebten Streifen bleiben einige Streifen übrig, die weggelegt werden, denn sie werden nicht gebraucht. Die aufgelegten Streifen nun auf dem Tonpapier in der entsprechenden Lage festkleben.

Um zu verhindern, dass sie verrutschen, werden die Streifen im unteren Drittel entweder durch das Stahllineal oder durch eine Glasplatte beschwert. Die Streifen nun einzeln leicht und ohne sie zu knicken über das Lineal, respektive die Glasplatte biegen und die Rückseite mit Klebstoff bestreichen und wieder auf ihren Platz legen. Sodann das ganze Blatt umdrehen, die geklebte Seite mit dem Lineal beschweren und den Rest in gleicher Weise verkleben. Der ganze Streifen sollte dabei ohne trockene Stellen bleiben und alles nahtlos verklebt werden.

Empfehlenswert ist, das Blatt nach Abschluss des Klebens mit einem sauberen Bogen Papier abzudecken und auf ein planes Holzbrett zu legen und fest anzupressen. Weiter gearbeitet wird erst, wenn der Klebstoff gut angezogen hat und die Streifen nicht mehr verrutschen können. Das so beklebte Tonpapier wird nun im Breitformat wiederum in unterschiedlich breite Streifen geschnitten.

Hier erst zeigt sich, ob die ersten Streifen gut verklebt wurden und der Klebstoff trocken genug war. Wenn nicht, werden die rechteckigen Stückchen sich nun von dem in Streifen geschnittenen Tonpapier lösen. Mit diesen Streifen wird nun in derselben Weise verfahren wie bereits beschrieben.

Beim Aufkleben dieser Streifen ist allerdings von Bedeutung, ob das Papier noch weiter zerschnitten und aufgeklebt werden soll. Auch hier ist das Passepartout sehr gut geeignet, die Arbeit noch zu unterstreichen.

c) Fotostreifencollage

Material: Große Farbfotos aus Illustrierten
Papierschneidemaschine
Klebstoff
Zeichenpapier (DIN A3)
Stahllineal/Glasplatte

Ganzseitige Illustriertenfotos eignen sich für diese Collageart am besten. Es sollte auf stimmige Farbigkeit geachtet werden, wobei Fotografien Ton in Ton nicht so sehr geeignet erscheinen, als kontrastreiche Aufnahmen. Gute Dienste leisten oft Werbeaufnahmen, die vielfach in ihrer Farbigkeit sehr stimmig wirken, wobei Schriften als gestalterisches Element durchaus einbezogen werden können.

Die Fotos in unterschiedlich schmale Streifen zerschneiden. Die Streifen in der Reihenfolge, in der sie anfallen, zur Seite legen. Nach dem Schneiden die Streifen in der entsprechenden Reihenfolge auf das Zeichenpapier legen, wobei jeder zweite Streifen ohne Zwischenräume verkehrt herum gelegt wird. Mit Glasplatte oder Stahllineal werden die Streifen beschwert, um ein Verrutschen zu vermeiden. Die Streifen oben und unten festkleben.

Abwandlungen:

- Die Streifen in ihrer Reihenfolge aufkleben. Mit Lineal oder Glasplatte beschweren, gegeneinander nach oben oder unten verschieben und festkleben (siehe auch Abb. auf S. 43).

- Die Streifen in veränderter Reihenfolge festkleben. Z. B. Beginnen mit dem Streifen links außen, dort folgend mit dem Streifen rechts außen, folgend links, rechts im Wechsel.

- Darauf abgestimmtes Tonpapier wählen. Kontrastierend im schmalen Abstand die Streifen in ihrer Reihenfolge aufkleben. Auch hier werden Passepartouts zur Aufwertung der Arbeit gute Dienste leisten.

d) Hinweise

Nicht alle Collage-Techniken sind ohne weiteres für behinderte Menschen erarbeitbar. Im einzelnen sollten folgende Hilfen angeboten werden:

– Buntpapier-Reißbild:

Wie bereits unter Transparenttechniken beschrieben, kann auch hier ein Brettchen mit entsprechendem Griff das Festhalten des Blattes auf dem Tisch erleichtern, während mit der anderen Hand über die Kante gerissen wird. Für das Kleistern sollte auf Hilfsmittel wie Pinsel oder ähnliches verzichtet werden. Die praktische Erfahrung legt den Einsatz der Hände als unmittelbare Werkzeuge nahe, eine Tätigkeit, die nicht Hygieneaspekten geopfert werden sollte.

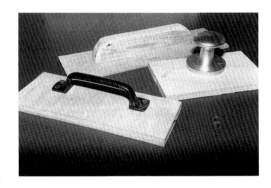

– Ton-Papier-Streifen-Collage:

Es bleibt dem Lehrer oder Erzieher überlassen, welcher Gruppe oder Einzelperson er die Ausführung eines solchen Verfahrens zutraut. Wird mit körperbehinderten Kindern diese Technik angegangen, muss vom Teppichmesser als Schneidegerät sicherlich abgesehen werden und zur Papierschneidemaschine des bereits beschriebenen Typs gegriffen werden.

– Foto-Streifen-Collage:

Für dieses Verfahren müssen in der Behindertenarbeit entsprechende Hilfestellungen gegeben werden. Dies ist besonders dann möglich, wenn mit einzelnen Kindern und nicht in der Gruppe gearbeitet wird.

2.3.4 Marmorieren

Marmoriertechniken haben breiten Einzug gehalten im graphischen Design. Eine Reihe von Gebrauchsgegenständen zeigt marmorierte Oberflächen und es soll dies zum Anlass genommen werden, auch diese Technik anzusprechen, um ihr Entstehen auf elementarer Ebene verständlich zu machen.

a) Marmorieren mit Temperafarben

Material: Temperafarben (in großem Block/Pukform)
Quadratische Plastikwanne
Schreibmaschinenpapier
Breite Borstenpinsel

Zur Einführung in die Technik des Marmorierens eignet sich dieses Verfahren auch für den Vorschulbereich.

Mit dem Borstenpinsel kräftig Farbe von den Temperapuks abnehmen. Die eingefärbten Pinsel in der mit Wasser halb gefüllten Schüssel auswaschen.

Den Vorgang mehrmals wiederholen, wobei es zweckmäßig ist, die Farbauswahl zu begrenzen. Die ausgewaschenen Pigmente steigen an die Wasseroberfläche.

Mit dem Pinsel das Wasser leicht in Bewegung versetzen. Das auf DIN A6-Format zugeschnittene Schreibmaschinenpapier vorsichtig auf die Wasseroberfläche legen, ohne es unterzutauchen und wieder abziehen.

Die Pigmente haften auf dem Papier in Form von winzigen Punkten und Strukturen.

b) Marmorieren mit Öllackfarben

Material: Öllackfarben
Terpentin (Terpentinersatz)
Borstenpinsel
Mehrere Glasbehälter (Hipp- oder Alete-Gläser)
mit Schraubverschluss
Schreibmaschinenpapier
Quadratische Plastikwanne
Rührstäbchen
Zeitungspapier
Malkittel

Je nach Altersstruktur der Kinder wird die Farbe mit den Teilnehmern gemeinsam oder vom Erzieher in Glasbehältern verdünnt. Eine Plastikwanne zur Hälfte mit Wasser füllen. Tische und andere Arbeitsflächen werden mit Zeitungspapier abgedeckt und die Plastikwanne für alle Kinder gut zugänglich in die Mitte gestellt.

Das Schreibmaschinenpapier wird auf DIN A6-Format zugeschnitten und auf dem Tisch bereitgelegt. Auf einem gesonderten Tisch Zeitungspapier ausbreiten, um die fertigen Bilder nach dem Bad zum Trocknen ablegen zu können.

Jedes Kind nimmt sich ein bis drei Farben seiner Wahl und träufelt mit dem Borstenpinsel eine geringe Menge der Farbe auf das Wasser in der Plastikwanne. Der Pinsel sollte nicht mit dem Wasser in Berührung kommen. Mit einem Rührstäbchen die Farbtropfen leicht durch das Wasser ziehen, bis Linien und Felder entstehen.

Das Papier vorsichtig auf die Wasseroberfläche auflegen, aber nicht untertauchen. Das Papier wieder abnehmen und das fertig marmorierte Blatt zum Trocknen ablegen.

Nach Beendigung der Arbeit werden mit Zeitungspapier die Farbreste von der Wasseroberfläche abgenommen, um zu verhindern, dass Farbe und Terpentin ins Abwasser geraten. Pinsel, Geräte und evtl. die Hände mit Terpentin gut säubern und mit Seifenlauge abwaschen.

Terpentin- und Öllackfarben sind stark riechende Arbeitsmittel. Das Entfernen der Ölfarben von Kleidung, Händen oder Gegenständen verursacht unter Umständen Arbeit. Daher sollte diese Technik, gut vorbereitet, nur Kindern angeboten werden, von denen erwartet werden kann, dass der Umgang mit dem Mittel Erfolg verspricht (Für den Vorschulbereich eher ungeeignet).

c) Hinweise

Für Kinder, die nicht im Stehen arbeiten können und deshalb in eine hochwandige Schüssel nicht hineinsehen können, eignen sich auch flache Schalen. Das Wasser dient lediglich als Farbträger, so dass auch wenige cm Wasser für dieses Verfahren ausreichen. Ist bei einem Kind die Handmotorik eingeschränkt, so dass das Auflegen und Abziehen der Papiere von der Wasseroberfläche nicht gelingt, können einfache Gurkenzangen aus Holz von Nutzen sein.

2.3.5 Einfache Batiktechniken

Dieses Kapitel beschränkt sich auf Papierbatiktechniken. Was die textile Stoffbatik anbetrifft, so erfordert diese eine solide Kenntnis des textilen Werkstoffes sowie Farbsicherheit und Geschick im Umgang mit Wachs. Für die Arbeit mit Kindern im Elementarbereich und in der Behindertenarbeit steht der Zeit- und Materialaufwand in keinem Verhältnis zum Ergebnis. Lediglich die Schnürbatik (Abbindebatik) kann Eingang finden aufgrund der einfachen Arbeitstechnik (ohne Wachs).

a) Wachstropfbatik

Material: Transparentpapier
Kerzen
Streichhölzer
Manschette für die Kerzen
Deckfarben (Tempera)
Klebestreifen
Borstenpinsel 12 bis 14
Wasserbehälter
Bügeleisen
Zeitungspapier

Transparentpapier eignet sich am besten für diese Technik, denn es ist durchscheinend und bei Lichteinfall gegen den Himmel oder als Laterne kommen die Farben strahlend zur Geltung.

Das Papier auf der Arbeitsunterlage mit Klebstreifen befestigen, eine Kerze entzünden und so über das Papier führen, dass Wachs auf das Papier tropft. Um zu verhindern, dass heißes Wachs auf die Hände der Kinder fällt, ist es ratsam, die Kerze mit einer Manschette zu versehen. – Nur so viel Wachs auf das Papier tropfen lassen, wie Stellen im Grundton des Papiers gewünscht werden. Ist das Kerzenlicht gelöscht und die Kerze beiseite gelegt, mit breitem Borstenpinsel die erste Farbe über das ganze Blatt hinweg auftragen. Wichtig ist dabei das Arbeiten von Hell nach Dunkel, z. B. erste Farbe Gelb, zweite Farbe Blau.

Der nächste Wachsauftrag kann erst nach vollständigem Durchtrocknen der Farbe begonnen werden, weil die Wachstropfen nicht auf feuchter Unterlage haften. Daher empfiehlt es sich, mehrere Blätter hintereinander anzufertigen, um die Wartezeit zu nutzen. Dieser Vorgang kann so oft wiederholt werden, wie man will.

Nach vollständigem Durchtrocknen mehrere Lagen Zeitungspapier auf die Arbeitsfläche legen. Das Blatt darauf legen und wieder mit mindestens drei Lagen Zeitungspapier abdecken. Das Bügeleisen auf höchste Stufe stellen und das Wachs ausbügeln. So oft das Zeitungspapier wechseln, bis das Blatt kein Wachs mehr abgibt.

b) Wachszeichnen

Material: Zeichenblockpapier, auch farbige Papiere
Weiße Stearinkerzen
Flüssigfarbe (verdünnte Schultempera, Batikfarben, farbige Holzbeizen)
Borsten- und Haarpinsel
Behälter für Wasser zum Auswaschen der Pinsel
Bügeleisen
Zeitungen

Mit der Stearinkerze auf dem Zeichenpapier Figuren, Muster, Strukturen malen oder die Kinder einfach kritzeln lassen. Fein strukturierte Unterlagen, wie z. B. ungeschliffene Holzbretter mit Maserung, Stoffe wie Jute, Leinen, grobe Baumwolle usw. hinterlassen ihre Spuren in den Wachslinien und treten dann beim Malen als Struktur hervor.

Das Blatt flächig mit unterschiedlichen Farben bemalen, wobei auch mehrere Farbschichten aufgetragen werden können. Die Wachslinien stoßen die flüssige Farbe ab und erscheinen als weiße, graphische Figuration. Nach dem Durchtrocknen das Wachs ausbügeln. Die Blätter erhalten ihre beste Wirkung als Fensterbilder.

Hinweis

Bei Kindern mit handmotorischen Problemen die Kerzen in zu Kugeln geformte, handgerechte Knetmasse stecken. Zum Bemalen eignen sich alle bereits beschriebenen Spezialpinsel.

c) Schnürbatik

Material: Leinen- (Baumwoll-)Tücher ca. 50 mal 50 cm
 Kettband oder anderes festes Band, auf Holzleisten aufgewickelt
 Batikfarbe in Schüsseln
 Abdecktuch für die Arbeitsfläche
 Scheren
 Gummihandschuhe oder Einmalhandschuhe
 Stäbe zum Eintauchen der Tücher, oder Gurkenzangen.

Die Tücher (z. B. aus alten Bettlaken geschnitten), zu einer handlichen Rolle zusammenlegen. Das Zusammenlegen ist bereits bestimmend für die Farbverteilung auf dem Tuch. Deshalb soll hier näher darauf eingegangen werden.

Ein Tuch, das aus der Mitte heraus oder zur Mitte hin gefaltet wird, zeigt rechteckige, oder je nach Falttechnik kreisrunde Farbanordnungen. Ein parallel zu den Seiten gefaltetes und anschließend zusammengerolltes Tuch weist nach dem Einfärben Streifenmuster auf. Möglich ist auch ein willkürliches Knüllen und Binden des Tuches.

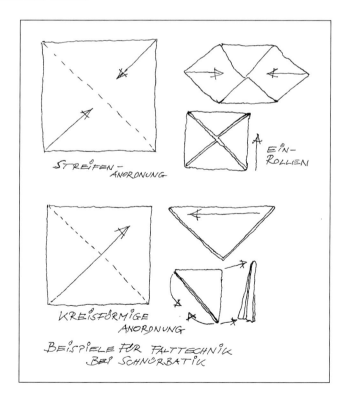

Nach dem Falten erfolgt das Umwickeln der Tücher mit festem Band. Es geschieht im Wechsel nach jedem Farbbad neu. Das Band erfüllt hier dieselbe Funktion, wie das Wachs bei der Wachsbatik: es deckt die Farbe ab, die auf dem fertigen Stück erscheinen soll.

Je fester gewickelt wird, desto klarer ist die Abgrenzung der Farben zueinander. Je lockerer, desto mehr fließen die Farben ineinander. Es ist daher sinnvoll, den Kindern das Schnürmaterial auf Holzstäben von ca. 10 bis 12 cm Länge aufgewickelt zu geben, um ihnen das feste Ziehen beim Wickeln zu erleichtern.

Das Färben geschieht in mit Batikfarben halb gefüllten Schüsseln. Es wird, – wie schon bei der Wachstropfbatik beschrieben, von hell nach dunkel gefärbt. Das Tuch wird nach dem Umwickeln vollständig in die Farbe eingetaucht und darin mehrmals gewendet.

Nach dem Herausnehmen kräftig über der Schüssel ausdrücken und die Stellen, an denen die Farben stehenbleiben soll, wieder kräftig mit dem Band umwickeln. Dieser Vorgang wird so oft wiederholt, bis das Tuch vollständig eingefärbt ist.

Das Band erst wieder abnehmen, wenn das Tuch vollständig durchgetrocknet ist, da bei feuchtem Tuch die Farben noch bis zum Schluss ineinander verlaufen können. Das Bügeln der Tücher bildet den Abschluss des Verfahrens.

Hinweis

Diese Technik bietet sich auch für körperbehinderte Kinder, deren Hand-Motorik nur wenig gestört ist, an. Inwieweit Hilfestellungen erforderlich sind, muss in der Situation selbst entschieden werden. Direkte Hilfsmittel braucht man nicht.

In einigen Fällen hat sich bei Kindern mit eingeschränktem Bewegungsradius eine hölzerne Gurkenzange zum Herausholen des Tuches aus der Farbe bewährt.

2.3.6 Diabilder

Material: Diaglasrähmchen
Faserschreiber in unterschiedlichen Farben
Flüssigklebstoff (lösungsmittelhaltig)
Diaprojektor (möglichst Einzelbildeinschub-Projektor)
Verschiedene Feinmaterialien, wie z. B. Nylonstrumpfstücke, Cellophan, Orangennetze, Watte, Storesreste,
Transparent-/Seidenpapierstücke usw.
Scheren

Zum Abschluss des Kapitels über das Gestalten mit Farbe sei noch diese Miniaturtechnik als stimmungsvolle Arbeitsgestaltung für verregnete, graue Tage kurz beschrieben. Sie zeichnet sich dadurch aus, dass sie bei geringem maltechnischem Aufwand besonders reizvolle Ergebnisse mit großer Erlebnisbreite hervorbringt. Denn zur farbigen Gestaltung kommt das Fließen, die Bewegung der Bilder, wenn sie an die Wand projiziert werden, die durch die Wärme im Projektionsgerät hervorgerufen wird.*

Das Verfahren: Jedes Kind erhält ein Diaglasrähmchen und darf sich ein oder zwei Faserschreiber mit entsprechenden Farben wählen. Das Glasrähmchen aufklappen und eine der beiden Glasplatten mit dem Filzstift bemalen. Die Farbe haftet nicht auf der Glasplatte, sondern perlt auf, was auch gewünscht ist. Nun einen Tropfen Klebstoff auf die bemalte Glasplatte geben, den Diarahmen zuklappen und die Glasplatten fest zusammenpressen. In den Einschub des Diaprojektors stecken und einschieben.

Durch das Zusammenpressen der Glasplatten ist Spannung aufgebaut worden. Im Diaprojektor lösen sich die beiden Glasplatten wieder voneinander, da der Klebstoff nicht trocken ist. Zudem bindet der Klebstoff die Farbe an sich. An der Wand erscheint explosionsartiges Aufreißen von Farben und Linien, wenn sich die Glasplatten voneinander lösen. Danach beruhigt sich das Bild, es entstehen Farbflächen, die durch klare, schwarze Linien und Kreisformen voneinander getrennt sind und sich in fließender Bewegung nach oben ausbreiten: In Wirklichkeit bewegt sich der Klebstoff im Diarahmen nach unten. Durch die Umkehrprojektion findet die Bewegung nach oben statt.

Als zusätzliche gestalterische Elemente können kleine Schnipsel, Nylonpartikel, Stores, gezupfte Watte, geknüllte Cellophanpapierstücke und ähnliches Material zwischen die Glasplatten gelegt werden, – auch Haare, eben verloren, sind reizvoll, riesengroß in der Projektion. Die Ergebnisse sind immer überraschend und es kann unbegrenzt experimentiert werden.

a) Hinweis

Für Körperbehinderte ist diese Technik nur schwer selbständig zu bewältigen. Dennoch ist das Erlebnis des selbstgemachten, sich bewegenden Diabildes auch für sie faszinierend und sollte ihnen nicht vorenthalten werden. Hilfestellung in Form von Handführung und Festhalten der Diarahmen mindert die Intensität ihres Erlebens nicht, denn viele Tätigkeiten des alltäglichen Lebens sind ohne fremde Hilfe für sie nicht zu bewältigen.

---

* Diese Technik bedarf eines kleinen Exkurses in die Zeit vor dem Digitalbild. Vielen wird das Dia noch ein Begriff sein. Jüngerem Fachpersonal mag es noch irgendwie vom Hörensagen bekannt sein, aber selbst werden sie nicht damit gearbeitet haben. Der Dia-Einzeleinschubprojektor ist bereits eine Antiquität. Ebenso das Dia-Glasrähmchen. Beides ist meist nur noch auf Flohmärkten oder entsprechenden Internetplattformen zu bekommen (z.B. Ebay). Der Projektor ist allerdings ein ausgesprochen vielseitig verwendbares Hilfsmittel. Nicht nur für die Diatechnik, auch für das Schattenspiel und andere Verwendungszwecke, für starkes, gebündeltes Licht von Vorteil ist, eignet er sich hervorragend. Es lohnt sich also der Aufwand, ein Gerät zu kaufen (15,00 bis 50,00 Euro)

2.4 Materialbesprechung

Material wird in großer Fülle angeboten und besonders im gestalterischen Bereich ist es schwierig, sich in der Vielfalt zurechtzufinden und zu entscheiden. Gutes Material ist aber eine grundlegende Voraussetzung für jedes gestalterische Arbeiten.

So können z. B. qualitativ schlechte, nicht gut miteinander mischbare Farben die Freude am Malen beeinträchtigen. Ebenso negativ können sich ungeeignete Malpapiere auswirken – wenn sie z. B. zu dünn sind und während des Malens reißen oder sich bei zu kräftigem Pinseldruck abreiben. Auch der Pinsel kann entscheidend für gutes Gelingen sein.

Im Folgenden werden einige Standardmaterialien kurz besprochen. Es kann sich hierbei jedoch nicht um eine Materialkunde handeln. Es soll lediglich um eine Auswahlhilfe für die den jeweiligen Techniken entsprechenden Materialien gehen.

a) Papier

Papierqualitäten

Grob lassen sich vier verschiedene Papierqualitäten unterscheiden:

- *Holzhaltige Papiere:* Sie sind relativ dick, saugfähig und zum Teil gute Druckqualitäten. Allerdings vergilben sie bei direktem Sonnenlichteinfluss stark und werden brüchig. Hierfür ist ein Stoff verantwortlich, der in den Holzfasern enthalten ist und „Lignum" (lat.: Holz) genannt wird.

- *Holzfreies Papier:* Der Hauptbestandteil dieser Papiere ist Holz, jedoch wurde das Lignum entzogen. Diese Papiere vergilben kaum und werden häufig auch in Mischform mit Hadern hergestellt. Sie ergeben hochwertige Schreibpapiere und annehmbare Zeichen- und Malpapiere.

- *Hadernpapiere:* Sie bestehen zu 100% aus Hadern – also Leinen oder Baumwollumpen, die zermahlen und mit Bindemitteln zersetzt hochfeine Schreibpapiere, aber besonders auch sehr feste Zeichen- und Malpapiere ergeben.

- *Altpapier:* Ein Verfahren drängt mehr und mehr auf den Markt. Es ist dies die Herstellung von Papier aus Altpapieren. Diese Papiere sind gute Gebrauchspapiere. Auch als Schreibpapiere sind sie bedingt brauchbar. Allerdings eignen sie sich nicht für gestalterische Arbeiten mit Farbe. Lediglich Packpapier, ebenfalls aus Altpapier hergestellt, bildet eine Ausnahme.

Papierwahl

Der Zweck bestimmt die Papierwahl. Diese darf besonders bei der Arbeit mit Kindern nicht übersehen werden. Falsche Papierwahl führt zu unbefriedigenden Ergebnissen. Leider wird gerade im pädagogischen Bereich hier häufig an der falschen Stelle gespart.

Es ist schlicht unrichtig, dass Kinder für ihre Arbeit keine guten Papiere benötigen. Mehr noch: Kinder werden hier von vornherein diskriminiert und ihre Arbeit – über minderwertiges Material – als minderwertig abqualifiziert. Das aber verträgt sich nicht mit dem Gedanken des gestalterisch Tätigseins.

Zeichen- und Malpapier

- *Makulaturpapier bzw. Altpapier* eignet sich nicht gut für das Gestalten mit Farbe.

- *Zeichenpapier* ist von geringer Glätte und relativ hoher Dichte. Meist ist es holzfrei und daher lichtbeständig. Es eignet sich für alle Maltechniken mit Deck-, Tempera-, Fingerfarben, Buntstiften und Wachsmalkreiden gleichermaßen. Lediglich für Nass-in-Nass-Techniken ist es weniger brauchbar.

- *Schreibmaschinenpapier* ist ein Mischpapier aus Hadern und Holz von hoher Dichte und Glätte. Es ist gut geeignet für alle Nass-in-Nass-Techniken, denn es saugt das Wasser und die Farbe nicht auf.

- *Aquarellpapier* ist holzfrei, sehr dicht und schwer. Ein wertvolles Papier für transparente Nass-in-Nass-Techniken, jedoch bei guter Qualität teuer.

- *Druckpapiere*, die auch als Zeichenpapier angeboten werden, sind in der Oberfläche rau und stark saugend. Für Drucktechniken, wie Stempel- und Material- oder Schablonendruck sind Druckpapiere gut geeignet.

- *Japanpapiere* werden häufig auch für Druckverfahren angeboten, z. B. für Linoldruck. Nur die festeren Qualitäten sind jedoch für die Arbeit mit Kindern geeignet, die allerdings auch sehr hoch im Preis liegen.

- *Packpapier* ist ein für die pädagogische Arbeit besonders wertvolles Papier. Es ist auf einer Seite glatt, auf der anderen rau. Die Qualität ist unterschiedlich und auch an den Farben zu erkennen. Weißes, festes Packpapier ist das hochwertigste und eignet sich für alle Mal- und Drucktechniken.

Braunes Packpapier ist reizvoll für Kleisterpapier, aber auch zum pastosen Farbauftrag geeignet, besonders, wenn die Farbe des Papiers in die Gestaltung einbezogen wird. Weniger geeignet sind graue und englisch-rote Papiere, die brüchig sind und rasch vergilben.

- *Zeichenkarton* eignet sich hauptsächlich für das Federzeichnen, weniger gut zur Arbeit mit Farbe.

- *Tonpapier* ist in der Masse durchgefärbtes Papier, das es in unterschiedlichen Qualitäten gibt. Mittelschweres Tonpapier hat sich in der Arbeit mit Kindern, aber auch für Passepartouts und andere Zwecke als besser geeignet erwiesen als leichtes Tonpapier, das relativ dünn ist und schnell einreißt. Auch die Farbauswahl sollte überlegt geschehen. Insbesondere Passepartout-Papiere sollten stimmig sein und zurückhaltend in der Farbe.

- *Fotokarton.* Einseitig gefärbter Karton von minderer Qualität, der sich für die Arbeit mit Kindern nicht sonderlich gut eignet.

- *Transparentpapier.* Feste Qualitäten sind auch hier für die Arbeit mit Kindern zweckmäßiger. Architekturpapier (z. B. Pergamin) ist dem dünnen, empfindlichen Papier vorzuziehen.

- *Farbiges Transparentpapier.* Hier stehen ebenfalls unterschiedliche Qualitäten zur Auswahl. Als wenig farbkräftig und lichtecht erweisen sich die in Heftform angebotenen Transparentpapiere. In größerer Menge preisgünstiger, farbkräftiger, lichtbeständiger und dabei fester im Papier sind die Großbogen.

  Aufgrund der Dicke des Papiers ist die Farbvariation durch Überkleben mehrerer Papiere nur begrenzt möglich. Es eignet sich für transparente Fensterbilder, Laternenbau und andere Arbeiten mit Licht und Farbe, z. B. zum Schattenspiel.

- *Seidenpapier.* Sehr zartes, stark gefärbtes Papier mit großer Farbpalette und -intensität. Bei trockenen Farbarbeiten am Fenster sehr reizvoll durch gute Mischfähigkeit beim Überkleben mehrerer Papiere. Stark färbend bei nassem Arbeiten (z. B. durch Kleister). Bleicht bei direkter Lichteinwirkung am Fenster aus. Für Schattenspiel und farbige Maskengestaltung sehr gut verwendbar.

b) Pinsel

Der Pinsel zählt zu den ältesten Schreib- und Malutensilien, die der Mensch benutzt. Zur größten Meisterschaft in der Pinselführung brachten es die Chinesen, deren Schriftzeichen selbst heute noch mit dem Pinsel gemalt werden. Der Pinsel zählt jedoch auch zu den sensibelsten und am schwierigsten zu führenden Schreib- und Malhilfen. Seine Haare oder Borsten reagieren auf den geringsten Druck und folgen jeder noch so differenzierten Bewegung. Sein Zeichen, ob Linie oder Punkt, unterscheidet sich augenfällig von jedem anderen, festen und mit Druck geführten Schreibgerät. Seine Spur ist lebendig, organisch, eigenwillig.

Haarpinsel:

Es sind im Handel: Feinhaar, Feenhaar-, Rotmarderhaar oder Rindshaarpinsel. Haarpinsel sind rund, kurzstielig und mit Nickelzwingen, teure Kunsthaarpinsel auch mit nahtlosen Silberzwingen, gebunden. Sie eignen sich für Flüssig- (Tuschen, Aquarellfarbe) und Napffarben und werden für transparente Bildarrangements verwendet. Der japanische Tuschzeichenpinsel ist ein auch für Kinder reizvolles Malutensil. Er ist nicht metallgefasst, sondern in Bambusstielen verleimt. Um mit dem Haarpinsel zu arbeiten, sollten Kinder über Vorerfahrung mit dem Borstenpinsel verfügen. Den Haarpinsel gibt es in unterschiedlichen Größen von ganz fein (00) bis dick (14 bis 18).

Borstenpinsel:

Die Borstenpinsel gibt es als Flach- oder Rundpinsel, auch Stupper genannt. Mit Ausnahme der Stupper haben sie alle lange Stiele. Borstenpinsel eignen sich für alle Nass-, Flüssig- und Pastosefarben (Deck-, Tempera-, Schultempera-, Öllackfarben usw.) Sie sind meist aus den Rückenborsten von Schweinen hergestellt. Die Größen der Pinsel reichen von schmal (2) bis sehr breit (28).

Malerpinsel:

Eine sinnvolle Ergänzung zu den üblichen Pinselsortimenten, wie Haar- und Borstenpinseln, sind die unterschiedlichen Malerpinsel. Einige der gebräuchlichsten Typen sind:

- *Flachpinsel:* er ist der verbreitetste Pinsel für alle Anstriche mit Öl-, Nitro-, Acryllacken oder Volltonfarben. Es gibt ihn in den Breiten von 2,5 cm (25) bis 10 cm (100) mit Natur- oder Synthetikborsten. Naturborsten sollten Kunststoffborsten vorgezogen werden. Aber auch der Preis lässt Rückschlüsse auf die Qualität zu. Billigpinsel neigen sehr stark zum Haarverlust. Er eignet sich gut für großflächiges Malen mit Flüssigfarben, wie z. B. Vollton-, Schultempera- oder verdünnter Plakafarbe (z. B. im Außenbereich/siehe unter Plattenmalerei oder Malwand).

- *Ring- oder Rundpinsel:* wie der Name bereits andeutet, sind dieses kurzstielige, rundgebundene Pinsel in Größen von etwa 1,5 cm bis 5 cm Durchmesser. Sie haben fast alle Naturborsten und lassen sich nicht nur gut für großflächiges Malen einsetzen, sondern sind auch reizvoll als „Stubber" oder „Wirbel" zu gebrauchen. Die Stubbmuster – der Pinsel wird in die Farbe getaucht und dann auf das Papier aufgestubbt – eignen sich gut für ornamentales Arbeiten oder als Variation beim Stempeldruck. „Wirbeln" bezeichnet das Drehen des eingefärbten Pinsels auf dem Blatt um die eigene Achse, wodurch Wirbel oder spiralförmige Farbstrukturen auftreten.

- *Heizkörperpinsel:* ein langstieliger Flachpinsel, dessen Zwinge winkelig geknickt ist. Dieser Pinsel ist in der pädagogischen Arbeit besonders wertvoll. Er gestattet den Kindern ein großzügiges Arbeiten, besonders bei großflächigen Bildern, bei denen stehend an Malwänden oder am Boden gemalt wird. Er schafft Distanz zum Bild und liegt dabei durch seinen breiten Holzgriff sicher in der Hand (anders als der ebenfalls langstielige Borstenpinsel, der aber einen dünnen Stiel hat und dadurch nicht so sicher aus der Distanz geführt werden kann). Den Heizkörperpinsel gibt es in den Breiten von 1,5 cm bis 5 cm. Er ist aus Naturborsten gebunden und erfahrungsgemäß in fast jeder Preisklasse von recht annehmbarer Qualität. Besonders bei behinderten Kindern ist er vorzüglich einzusetzen.

- *Farbrolle:* es gibt sie in unterschiedlichen Ausführungen. Für den pädagogischen Bereich sind allerdings nur die langstieligen, aber kleinen Fellrollen interessant. Ebenso, wie die vorgenannten Pinsel, ist auch die Farbrolle gut für großflächiges Malen geeignet. Vor allem aber ist sie für viele körperbehinderte Kinder leichter zu handhaben als ein Pinsel. Wichtig dabei ist jedoch, dass die Malflächen schräg zum Kind geneigt sind oder aber dass auf dem Boden gemalt wird.

Pflege

Pinsel sind sensible Instrumente. Für eine lange Haltbarkeit (auch bei intensiver Nutzung) gilt, dass prinzipiell ein guter Pinsel länger hält als ein schlechter. Daher sollte auch Vorsicht geboten sein bei Sonderangeboten und Niedrigpreisen. Pinsel, die fortlaufend Haare verlieren oder deren Stiele sich aus den Zwingen lösen, sind eine für die Arbeit vermeidbare Erschwernis.

Jeder Pinsel nimmt es „krumm", im wahrsten Sinne des Wortes , wenn er längere Zeit im Wasser stehen bleibt. Krumme Pinselspitzen und abgestoßene Borsten sind meist irreparabel. Daher sollten Pinsel nach dem Auswaschen zum Trocknen, aber auch beim Pinselwechsel, flach abgelegt werden, ohne dass die Haare gegen ein Hindernis stoßen und verbogen werden.

Ist der Pinsel mit Kleister, Leim, Klebstoff in Berührung gekommen oder mit Seife gereinigt worden, muss er, bevor er wieder für Farbe verwendet wird, gut mit klarem Wasser ausgewaschen werden. Die Rückstände im Pinsel können sonst die Bindemittel der Farben angreifen und damit die Farbwirkung beeinträchtigen.

Das Eintrocknen der Farbe (besonders bei Öllackfarben) sollte von vornherein verhindert werden. Geschieht dies trotzdem, empfiehlt es sich, den Pinsel in Wasser – bei Lackfarben in entsprechende Lösungsmittel (Terpentinersatz/Nitroverdünnung), zu hängen. Hierzu eignet sich ein Gefäß mit weiter Öffnung, über das eine Holzleiste gelegt wird. Diese Holzleiste ist mit Wäscheklammern versehen, die mit einem Nagel befestigt sind, der durch die Spiralfeder gesteckt und in die Holzleiste geschlagen wird. Der Pinsel wird so in die Klammer gespannt, dass die Haare oder Borsten bis knapp an die Zwinge frei im Wasser (oder Lösungsmittel) hängen. Nach einigen Stunden kann der Pinsel ausgewaschen werden. Günstig ist es, zwei Pinselsortimente zur Verfügung zu haben: Eines für wasserlösliche und eines für Öllack- und ähnliche, wasserunlösliche Farben.

c) Farben

Farben und Farbmittel werden in unterschiedlicher Form und Konsistenz angeboten. Die Palette reicht von Farbpulver und Pigmenten zum Selbstanrühren über Pastos- und Flüssigfarben mit unterschiedlichen Eigenschaften bis hin zu wasserlöslichen Deck- und Temperafarben. Pastell-, Wachs-, Ölmalkreiden, sowie Bunt- und Filzstifte ergänzen das Sortiment. Darüber hinaus werden Tauchlack-, Siebdruck-, Glasmalerei-, Malen nach Zahlen-Sortimente und noch einiges mehr angeboten.

Insbesondere für die letztgenannten Sortimentskästchen gilt, dass sie für den elementaren Bereich wenig brauchbar, wenn nicht untauglich sind.

Aber auch die anderen Farben sollten sorgfältig ausgewählt und auf ihre Eignung hin überprüft werden. Als Kriterien sollten im Elementarbereich gelten: Eine gute Pigmentierung, Farbreinheit (wichtig für das Mischen der Farben), Ungiftigkeit, evtl. Auswaschbarkeit. Auf spezifische Effekte (z. B. Emailglanz und ähnliches) kann verzichtet werden. Die im Folgenden vorgestellten Farbmittel bilden eine Auswahl der Farben, die sich in der Arbeit im Elementarbereich bewährt haben:

Fingerfarbe

Pastose, wenig pigmentierte Farben, meist ist die Farbauswahl beschränkt und es fehlen wichtige Grundfarben (z. B. Karmin). Von den Herstellern wird vorzugsweise Zinnoberrot angeboten, das sich besser verkaufen lässt, jedoch für das Farbmischen wenig geeignet ist, da es Gelbanteile enthält, die beim Vermischen mit Blau kein Blaurot ergeben, sondern dieses diffus vergraut und braunstichig erscheinen lassen.

Die Farben sind relativ leicht aus der Kleidung auswaschbar. Ohne Kleisterzusatz sind sie beim Vermalen mit der Hand nur bedingt gleitfähig und können sich im großflächig freien Malen daher hemmend auswirken.

Flüssige Schultempera

Eine meist gut pigmentierte, dickflüssige Farbe, die sich auch als Fingerfarbe (versetzt mit Kleister) gut anbietet. Sie lässt sich auch in Stempelkissen gut einreiben und durch Wasserzusatz nach Eintrocknen wieder aufbereiten. Das Farbangebot ist relativ groß. Allerdings wird sie auch als Sortiment angeboten, wobei (wie bei den Fingerfarben) als Rot einzig Zinnoberrot angeboten wird, das sich nicht zum Herstellen von Mischfarben eignet. Bei Bestellungen muss Karmin ausdrücklich angefordert werden, da erfahrungsgemäß ansonsten Zinnoberrot geliefert wird.

Plakafarbe

Eine dickflüssige (fast pastose), sehr gut pigmentierte Farbe, die auf fast jedem Malgrund haftet (z. B. Styropor, Holz, Beton etc.) und gut deckt. Nicht geeignet für die Fingermalerei und Stempeltechnik. Es lohnt sich, Großdosen zu kaufen, die preiswerter und ergiebiger sind, als die meist verwendeten kleinen Gläser.

Temperapuks

Eine wasserlösliche, gut pigmentierte Napffarbe. Sie eignet sich aufgrund ihrer Größe sehr gut für das erste Malen mit dem Pinsel. Aber auch für die Fingermalerei auf nassen Untergründen ist sie gut geeignet. Es sollten aber Markenfarben angeschafft werden, da billigere Farben häufig wenig pigmentiert sind oder aber mit minderwertigen Bindemitteln hergestellt werden. Diese Farben sind ungiftig und können ohne Bedenken im Behindertenbereich verwendet werden, für den sie sich besser eignen, als die kleinen Deckfarbennäpfe.

Deckfarben

Napffarben in Blechkästen mit sehr guter Pigmentierung und Lichtechtheit, wie auch Deckfähigkeit. Auch hier sollten Markenfabrikate Billigfabrikaten vorgezogen werden. Sie eignen sich für alle Arbeiten mit Haar- oder Borstenpinsel, lassen sich sowohl transparent wie auch deckend vermalen und zeichnen sich durch gute Mischfähigkeit aus.

Volltonfarbe

Dickflüssige und lichtechte Farbe von hoher Deckkraft. Sie haftet auf fast allen Untergründen (Styropor, Holz, Stein etc.) und bietet sich besonders auch für die Arbeiten im Außenbereich an. Ungeeignet für Fingermalerei. Auch nicht einsetzbar bei Kindern, die noch sehr auf ihren Mundbereich fixiert sind und die Farbe auch mal „schmecken" wollen.

Pulverfarben

Als Pigmentpulver mit oder ohne Bindemittel erhältlich. Je nach Anwendungsweise sollte diese Farbe entweder mit Bindemittel (zum selbständigen Farbanrühren) oder ohne Bindemittel („Sandbilder") angewendet werden. Aus den Pigmentpulvern lassen sich preiswert pastose, deckende bis flüssige, hochtransparente Farben mit wenig Aufwand herstellen. Der besondere Reiz: Die Kinder können sich ihre Farbe selbst anrühren.

Öllackfarben/Nitrolacke/Acryllacke

Lackfarben sind meist dickflüssige, gut pigmentierte und deckende (- Holz sollte immer mit Vorstrichfarbe vorbehandelt werden!) Farben. Sie eignen sich für fast alle Maluntergründe (Ausnahme: Styropor und andere lösemittelanfällige Kunststoffe). Für die Arbeit mit Kindern sind sie nur bedingt tauglich. Sie lassen sich nur schwer von Haut und Textilien entfernen, sind ungenießbar (teilweise sehr giftig) und sondern auch Dämpfe ab, die nicht immer harmlos sind (z. B. Nitrolacke). Es gibt diese Lacke als Hochglanz- oder Mattlacke. Die Trockendauer der Lacke ist unterschiedlich (Herstellerangaben beachten!).

Batikfarbe

Die meisten Batikfarben sind hochwertige, gut pigmentierte und äußerst lichtbeständige Textilfarben. Sie werden als Farbpulver angeboten, das mit Wasser aufgekocht und mit Bindemittel und Fixierstoffen versetzt werden muss. Bei manchen genügt ein Anrühren in warmen Wasser. Allerdings bleiben diese Farben meist in der Qualität hinter den Kochfarben zurück. Der größere Arbeitsaufwand lohnt sich also immer. Batikfarbe eignet sich neben der textilen Anwendung bei Wachs- und Bindebatik durchaus auch zum Malen auf Papiergrund (z. B. Wachszeichentechnik).

Da Batikfarbe sehr farbecht ist, sollte darauf geachtet werden, dass die Kleidung nicht beschmutzt wird. Auch Farbe an den Händen ist sehr hartnäckig und verschwindet meist erst nach mehrmaligem Händewaschen. Die Farbpalette ist umfangreich. Die Farben lassen sich aber auch sehr gut untereinander mischen.

Holzbeize

Es gibt eine ganze Reihe von Beizen, die in unterschiedlicher Weise angerührt werden müssen. Bei manchen Beizen reicht Anrühren in kaltem Wasser. Ähnlich wie die Batikfarben eignen sie sich für hochtransparente Malereien auch auf Papier und die bereits erwähnte Wachszeichentechnik. Sie sind weitgehend ungiftig und können auch im Elementarbereich relativ bedenkenlos eingesetzt werden. Die Farbpalette bei Beizen ist nicht so umfassend wie bei den Batikfarben, die Lichtechtheit ist jedoch ebenso gut.

Buntstifte

Buntstifte eignen sich sowohl zur Farb- als auch graphischen Gestaltung. Unter dem riesigen Angebot an Buntstiften finden sich nur verhältnismäßig wenige, die sich im Elementarbereich bewährt haben. Auch hier ist anzuraten, bessere, wenn auch teurere Qualität zu wählen. Wichtig ist bei Buntstiften eine gute Farbabgabe (hohe Pigmentierung) und relative Bruchsicherheit. Auf Großkästen mit 36 und mehr Farben sollte zugunsten geringerer Farbauswahl – aber dafür besserer Qualität – verzichtet werden. Eine große Farbpalette kann sich bei Kindern hemmend und verwirrend auswirken.

Gute Erfahrungen, auch bei behinderten Kindern, konnten mit dicken, gut zu führenden Stiften gemacht werden. Eine Großzahl von Buntstiften ist nachträglich auf dem Papier mit Wasser vermalbar.

Wachsmalkreiden

Sie sollten besonders zu farbigem Gestalten verwendet werden, weniger zu graphischem. Die Qualitätsunterschiede sind erheblich. Gute Kreiden geben satte Farben ab, ohne dabei zu schmieren. Es gibt sie in Stift- oder Blockform. Die Blöcke sind besonders für den Elementar- und Behindertenbereich von großem Nutzen.

Filzstifte

Der Filzstift ist ein graphisches Gestaltungsmittel. Er zeichnet sich aus durch satte, nicht nuancierbare Farbabgabe, meist grelle Farbkraft. Die Farben lassen sich nicht mischen. Für die Arbeit mit Kindern im gestalterischen Bereich kann er aufgrund seiner begrenzten Einsatzmöglichkeiten und wenig kindgerechten Eigenschaften nicht empfohlen werden. Nach spätestens fünf „gehackten" Schneeflocken ist die Spitze unbrauchbar.

d) Klebstoffe

Das Angebot an Klebstoffen ist sehr reichhaltig. Für die Arbeit im Elementar- und Behindertenbereich ist die Auswahl an Klebemitteln für unterschiedliche Zwecke von besonderer Bedeutung. Hohe Klebekraft, Ungiftigkeit, Hautverträglichkeit und gute Handhabung sollten die Klebstoffe auszeichnen. Besprochen werden ihre Eigenschaften, die Einsatzmöglichkeiten und ihre Wirtschaftlichkeit.

Kleister

Kleister wird hauptsächlich als Tapetenkleister angeboten. Über Kataloge für Kindergarten- und Schulbedarf wird Schulkleister angeboten, der ebenso gut geeignet ist wie der Tapetenkleister, meist jedoch erheblich preisgünstiger. Kleister wird in Pulverform bezogen und muss mit Wasser angesetzt werden. Je nach Mischungsverhältnis ergibt das ein wässriges bis breiiges Klebemittel, das für alle Papierarbeiten gut verwendbar ist. Bei zu wässriger Konsistenz führt Kleister allerdings zu Verwerfungen und Beulen im Papier. Dicker, pastoser Kleister zeigt auch bei dünnem Auftrag eine hohe Klebekraft. Er ist der preiswerteste und wirtschaftlichste Klebstoff.

Angewendet wird er besonders bei großflächigen Arbeiten und Schichtverklebungen. Überall dort, wo größere Mengen als Klebemittel benötigt werden, bietet sich dieser Klebstoff an. Er eignet sich auch als Bindemittel für Pigmentpulver-Farben. Seine Ungiftigkeit und Hautverträglichkeit, sowie die leichte Auswaschbarkeit prädestinieren ihn für die Arbeit im Vorschul- und Behindertenbereich.

Pastenklebstoffe

Weiße Pastenkleber werden in Döschen oder in Stiftform angeboten. Ihre Klebeeigenschaften sind so unterschiedlich wie die Herstellerfirmen. Gute Handhabung bei ausreichender Klebekraft zeigen fast nur die Markenartikel. Sie eignen sich für kleinformatiges Arbeiten. Körperbehinderten Kindern geben die Klebestifte mehr Sicherheit als kleine Flüssigklebeflaschen. Auf der Haut können sie unter Umständen als unangenehm empfunden werden, sind aber meist ungiftig und hautverträglich. Einige Klebepasten sind wasserlöslich und enthalten hohe Wasseranteile. Dies führt leicht zu Beulen und Verwerfungen der Klebestellen.

Flüssigklebstoffe

Sie werden in Flaschen und Tuben angeboten und sind meist auf Nitrobasis aufgebaut. Die meisten dieser Klebstoffe zeichnen sich durch hohe Klebkraft aus. Im Vorschul- und Behindertenbereich sollte vorsichtig damit gearbeitet werden, denn sie sind nicht ungiftig. Auch eignen sie sich nicht für großflächiges Arbeiten. Ihr hoher Preis macht sie unwirtschaftlich. Von Kleidungsstücken sind sie nur schwer wieder zu entfernen und auch Material lässt sich von diesen Klebemitteln nur schlecht säubern.

Kunstharzbinder

Der Binder ist kein eigentlicher Klebstoff, sondern, wie der Name besagt, ein Bindemittel und zwar für Pigmentpulverfarben. Er eignet sich jedoch als Klebemittel für alle Papierarbeiten. Im Vorschul- und Behindertenbereich wird er deshalb als Beigabe zum Kleister verwendet – wodurch der Kleister eine höhere Klebekraft erhält. Der Kunstharzbinder ist im Wasser auswaschbar, solange er nicht durchgetrocknet ist. Er ist geruchlos und ungiftig, in angetrocknetem Zustand allerdings nur schwer von der Haut zu entfernen. Kunstharzbinder ist relativ preiswert, allerdings nur über den Maler- und Tapetenfachhandel zu beziehen.

Holzleim

Ein Klebstoff von sehr hoher Klebekraft. Er ist wasserlöslich und gut hautverträglich. Holzleim eignet sich für alle Papier- und Holzklebearbeiten und kann auch dem Kleister beigemengt werden, damit eine höhere Klebekraft erzielt wird. Bei Anschaffung in 5 kg-Eimern erweist er sich als sehr wirtschaftlich und ist vielseitig zu nutzen.

Andere Klebemittel

Seit mehreren Jahren werden wasserlösliche Flüssigklebstoffe angeboten. Sie sind ungiftig und leicht auswaschbar. Allerdings verfügen sie über keine sehr starke Klebekraft und führen aufgrund ihres hohen Wasseranteiles zum Beulen, Verwerfen und Verziehen des damit geklebten Papiers. Neu auf den Markt gekommene Klebstoffe sollten immer erst durch den Erzieher, Betreuer oder Lehrer eingehend auf ihre Brauchbarkeit hin geprüft werden, bevor sie den Kindern angeboten werden und unter Umständen zu Misserfolgen führen.

2.5 Das Bild im Raum

Kinder, die ein Bild gemalt haben, legen großen Wert darauf, es auch aufzuhängen. In besonderer Weise gilt dies für das behinderte Kind, dem es ungleich mehr Mühe bereitet, ein Bild herzustellen. Ein Bild kann aber sehr an Wert und Beachtung einbüßen, wenn es in eine Umgebung gehängt wird, die es erdrückt und so nicht zur Geltung bringt. Bilder bedürfen eines „zustimmenden" Umfeldes. Ein Bild mit Klebstreifen, z. B. textilem Klebeband, an eine weiße Wand geklebt, wirkt verloren, deplatziert und verliert an Wert. Ein solcher Umgang mit Kinderbildern ist Ausdruck von Missachtung dem Werk des Kindes gegenüber. Das Kind wird diese Wertminderung auf seine Person übertragen und dem von ihm geschaffenen Werk wenig Beachtung entgegenbringen.

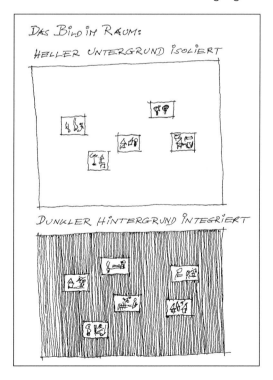

Helle Wandflächen sind zur Aufnahme von Bildern meist ungeeignet (vgl. dazu W. Mahlke). In dunklen Farben gehaltene Wandflächen hingegen umhüllen, geben den Farben im Bild mehr Leuchtkraft und werten die Werke auf. Pinnwände aus preiswerten Schalldämmplatten, die mit Volltonfarbe in dunklen Tönen gestrichen werden, eignen sich vorzüglich zur Aufnahme von Bildern.

Sind diese Voraussetzungen nicht gegeben und nur schwer zu beschaffen, sollten Kinder-Bilder auf anderem Wege hervorgehoben werden. Passepartouts bieten sich hierfür an. Besonders für die vorgestellten nicht-gegenständlichen Techniken ist das Passepartout sehr geeignet. Durch sie können besonders gelungene Bildausschnitte hervorgehoben werden. Auf den farbigen Einklang zwischen Bild oder Bildausschnitt und Passepartout sollte Wert gelegt werden. Tonzeichenpapier und -karton bieten sich als Passepartoutpapier an.

Das Format des Passepartouts kann kaum zu groß sein. Bei einem Bildausschnitt von etwa DIN A4 sollte das Passepartout mindestens DIN A3 groß sein. Der obere Rand und die seitlichen Teile sind schmaler als der untere Rand. Dadurch wird erreicht, dass der Schwerpunkt optisch nach oben verlagert wird.

Fensterbilder, (z. B. Transparentbilder), Wachsmalbügel-, Farbfolienbilder etc., sollten einen umlaufenden breiten Rand (z. B. aus Tonpapier) erhalten, der sie gegen das „Draußen" abgrenzt und so zur Steigerung der Farbwirkung beiträgt. Über Raumgestaltung, Farbe im Raum und Bilder im Raum finden sich in den Literaturangaben Hinweise auf weiterführende Bücher.

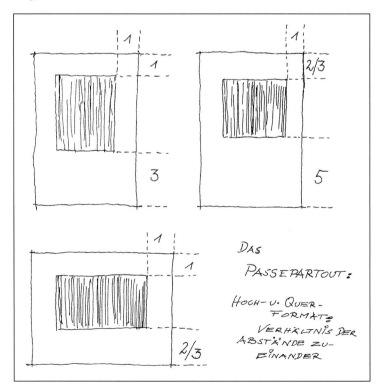

> *„Man kennt nur die Dinge, die man zähmt – sagte der Fuchs – Die Menschen haben keine Zeit mehr, irgendetwas kennen zu lernen. Sie kaufen alles fertig in den Geschäften. Aber da es keine Kaufläden für Freunde gibt, haben die Leute keine Freunde mehr. Wenn du einen Freund willst, so zähme mich!"*
>
> Antoine de Saint-Exupéry, Der Kleine Prinz

3. Gestalterisches Arbeiten mit verschiedenem Material

3.1 Einführung

Das Kapitel Gestalten und Arbeiten mit verschiedenem Material ist auch ein Kapitel über Beziehungen:

- Beziehungen des Kindes zu sich selbst und seinem persönlichen Ausdrucksvermögen;

- Beziehung zum Material und der daraus entstehenden Auseinandersetzung;

- Beziehung zur Umwelt und den Menschen und Dingen, die sich nur erschließen, wenn die Bereitschaft, sich auf sie einzulassen, gegeben ist.

Die in diesem Kapitel vorgestellten Materialien sind für Kinder von ihrer Herkunft her durchschaubar und ihrem Umweltbezug übertragbar (z. B. Ton, Ziegelstein, Dachziegel, Gefäß). Auf Fremd- und Kunststoffe wurde weitgehend verzichtet (z. B. Tonimitate, Gießharz und ähnliches). Die Techniken setzen im Elementarbereich an und lassen dadurch viel Spielraum vom Experimentieren bis hin zum gestaltgebenden Arbeiten.

Im Vordergrund, besonders für behinderte Kinder, steht die unmittelbare, taktil-kinästhetische Erfahrung mit dem verschiedenen Material. Der spielerisch-experimentelle Umgang muss ebenso in die Arbeit einbezogen werden, wie der gestalterische Ausdruck. Nur eine zweckfreie, lustbetonte Auseinandersetzung schafft die Voraussetzungen zu einem Materialbezug, der zu einer individuellen Gestaltgebung, zu einer Ausdrucksmöglichkeit des Kindes durch das Material führt. Materialbezug heißt nicht nur Freude am Umgang mit dem angebotenen Material, sondern auch das spielerische Begreifen der Herstellung, Konsistenz, Eigenschaften, Gestaltungsmöglichkeiten und -grenzen des Werkstoffes. Über diesen elementaren Beziehungsaufbau führt der Weg zum Gestalten, der raumgreifenden, dreidimensionalen Erfassung von Form und Raum.

Darüber hinaus beinhaltet das Gestalten mit Material auch das Gestalten mit Farbe. Sowohl die Eigenfarbe des jeweiligen Werkstoffes (z. B. Ton) finden als gestalterisches Element Eingang in die Arbeit, als auch das nachträgliche Bemalen eines Werkstückes (z. B. Handpuppen).

Die beschriebenen Techniken sind auch für körper- und mehrfachbehinderte Kinder durchführbar.

Zwei große Abschnitte bilden den Hauptteil:

- Ton und seine Gestaltungsvielfalt.

- Das Herstellen von Puppen und Masken mit unterschiedlichem Material.

In diesem Abschnitt wird über die Beschreibung der Techniken hinaus auch auf gestalterische Details eingegangen, die in diesem Zusammenhang nicht zu vermeiden waren. Sie dienen jedoch lediglich als Anhaltspunkt zur Gestaltung und sollten nicht als bindende Kriterien missverstanden werden.

> WERKSTÜCKE GEWINNEN AN WERT DURCH GEBRAUCH:
> – EINE TONPLATTE SOLLTE ALS KACHEL DIE WAND SCHMÜCKEN
> – EINE PUPPE IM FIGURENTHEATER VOR DER GRUPPE ODER KLASSE EINE ROLLE SPIELEN
> – EIN SCHIFF NICHT LEDIGLICH DEKORATIV SEIN SONDERN VOR ALLEM SCHWIMMFÄHIG

Als einziges Kunststoffmaterial wurde aufgrund seiner besonderen Eigenschaften, auch in Bezug auf körperbehinderte Kinder, Styropor aufgenommen, wobei es hier auch zu einer Überschneidung zum Vorkapitel „Gestalten mit Farbe" kommt.

In den Hinweisen finden sich Anregungen zur Veränderung von Werkzeugen, sowie methodische Vorschläge, um körper- und mehrfachbehinderten Kindern und Jugendlichen die Handhabung von Werkzeug und Material zu erleichtern.

3.2 Gestalten mit Lehm/Ton

a) Einführung

Kaum ein Material bietet sich für die gestalterische Arbeit besser an, als Ton. Er ist Erde, die Farbe zurückhaltend wie die Erdfarben. Hinsichtlich seiner Eigenschaften in der Verarbeitung ist Ton von keinem Kunststoff zu übertreffen. Schwer zu fassen, dass er dennoch in der pädagogischen Arbeit von künstlichen Knetmassen und schnelltrocknenden Tonimitaten verdrängt wurde. Es erscheint mir sinnvoll, ein Plädoyer für dieses zu den ältesten Werkstoffen der Menschheitsgeschichte zählende Material zu halten.

Bei allen Materialien, die Kindern angeboten werden, empfiehlt es sich, solche zu nehmen, die unmittelbaren Bezug zu ihrer Umwelt haben. Ton ist in dieser Hinsicht ein wertvoller Informationsträger. Er wird aus der Erde gewonnen. Es ist möglich, Kindern die Herkunft des Materials ganz unmittelbar in Tongruben zu veranschaulichen. Ziegel, Klinker sind aus Ton, Häuser werden damit gebaut, Dächer gedeckt. Gefäße wie Blumentöpfe, Krüge, Kannen, Vasen sind meist aus Ton. An Blumentöpfen ist das Material gut zu erkennen, denn sie bleiben unglasiert. Ebenso Fußboden- und Ofenkacheln.

Das Kind erlebt ein Material in Zusammenhang mit dem Gebrauch und wird so auch stärker motiviert, damit umzugehen. In seiner Konsistenz ist Ton vielfältig und äußerst wandelbar. Geschlämmter, nasser Ton ist klebrig wie Eierpampe. Für das Manschen und Schmieren ist er in dieser Beschaffenheit sehr gut geeignet. Eine für die kindliche Entwicklung wesentliche Tätigkeit, auf die noch gesondert eingegangen werden soll.

Feucht lässt sich Ton verformen, gestalten, auf der Scheibe drehen, gießen oder stanzen. Es ist die dem Material gemäße Konsistenz, wie sie zur Herstellung von Gefäßen erforderlich ist. In trockenem Zustand ist Ton hart und verletzlich, kann aber geritzt oder geschliffen werden. Unverarbeitete, ausgetrocknete Tonklumpen werden, mit Wasser aufgeschlämmt, wieder zu formbarer Masse. Der gebrannte Ton allerdings ist unveränderbar. Zerstört und dann zerkleinert kann er als Schamotte verwendet und dem Ton wieder zugesetzt werden.

Wenn der Ton aus der pädagogischen Arbeit verdrängt wurde, hängt das wohl damit zusammen, dass er wegen seiner erdigen Konsistenz mit „Schmutz" assoziiert wird. Knetmassen aus Kunststoff scheinen hygienischer, ihre Farben stellen sich ansprechender dar. Aber – Tone sind ungiftig. Künstliche Knetmassen sind „undurchschaubar". Schwermetalle, wie sie zur Farbherstellung benötigt werden, chemische Substanzen, welche die Geschmeidigkeit gewährleisten, das Haften von Teilen aneinander fördern, das Austrocknen und Härten, können enthalten sein.

Auch ist das Reinigen der Arbeitsplätze bei Ton sehr viel unproblematischer, als bei Knetmassen, wie sie vom Handel angeboten werden.

Ein weiterer Aspekt ist die Wirtschaftlichkeit. Bei Preisvergleichen wird man feststellen, dass 500 Gramm Knetmasse doppelt so viel kosten wie 10 kg Ton. 500 Gramm Knetmasse reichen bei einer Gruppe von 10 Kindern nicht lange.

Schließlich muss noch auf die Wirkung plastischer Gebilde eingegangen werden. Sie rührt von Licht und Schatten her. Plastiken wirken durch die Modulation ihrer körperhaften Form durch vor- und zurücktretende Teile. Die Einfarbigkeit ist der plastischen Wirkung zuträglich. Ton bietet hier die besten Voraussetzungen, wohingegen farbige Knetmasse immer von der formalen Wirkung ablenken und zur farbigen verleitet.

b) Fertige Tonmassen

Im Handel werden fertige Tonmassen angeboten. Sie unterscheiden sich sowohl in der Farbe vor und nach dem Brennen, als auch in ihrer Zusammensetzung, was für die Arbeit wichtiger ist. Diese ist entscheidend für die Bearbeitung und den Fertigungszweck.

Für die Arbeit mit Kindern wird man auf fette Drehtone verzichten und zu schamottiertem Magerton greifen. Die Bezeichnung „Modellierton" sagt meist nichts aus über die Beschaffenheit der Tonmasse; ebenso wenig die Farbe. Wichtig sind die Angaben zur Verwendung: ob die Tonmasse für das Drehen auf der Scheibe, die Aufbautechnik, Plastik oder Bearbeitung von Platten geeignet ist. Auch die Brenntemperaturen sollten Beachtung finden, besonders wenn Gefäßkeramik beabsichtigt wird, da Ton, der nur bei niedrigen Temperaturen gebrannt werden kann, nicht dicht wird.

Der Preis für fertige Tonmassen schwankt. Er kann zwischen 3,00 Euro für Blumentopfton bis 8,00 Euro für hochwertige Magertonmassen (per 10 kg) liegen.

Die Lagerung größerer Mengen ist nicht unproblematisch. Nur luftdichte Lagerung in Plastiksäcken gewährleistet eine lange Verarbeitungsdauer. Angebrochene Tonrollen werden am günstigsten in feuchte Tücher eingeschlagen und mit Plastikfolien umwickelt, um sie vor Austrocknung zu bewahren.

c) Tonmehl

Es werden verschiedene Tonmehle angeboten: Einige in verbrauchsfertiger Form, d.h. bereits als schamottierte Tonmehle, mit den Bezeichnungen Klinkertonmehl oder Schamottemörtel (im Baustoffhandel), sowie in Form von unterschiedlichen Ausgangsmehlen, (mageren oder fetten Mehlen, sowie fein bis grobkörnigen Schamotte), die erst zu gebrauchsfertiger Substanz zusammengemischt werden müssen. Zur Arbeit mit Kindern empfiehlt sich Klinkertonmehl, bzw. Schamottemörtel der Griffigkeit wegen, und weil die Kosten geringer sind (50 kg Schamottemörtel kosten zwischen 15 und 35 Euro).

Die Lagerung ist weniger aufwendig, als bei den Fertigtonmassen. Dem Tonmehl wird Wasser zugesetzt und das Gemenge zu einer geschmeidigen Masse durchgearbeitet.

d) Tonimitate, tonähnliche Werkstoffe

Sie sollen hier Erwähnung finden, weil sie mehr und mehr angeboten werden. Meist handelt es sich um Imitate mit den sog. Vorteilen des Trocknens und Härtens an der Luft oder durch Erhitzen im Backofen. Ihnen allen ist gemeinsam, dass sie als gleichwertiger Ersatz für Ton ausscheiden. Sowohl in ihren Bearbeitungsmerkmalen – viele dieser Werkstoffe zeigen sich entweder als spröde oder aber sie werden schmierig und klebrig, wobei sie sich plastischer wie auch keramischer Bearbeitung wiedersetzen –, als auch in fertig gehärtetem Zustand sind sie wenig attraktiv.

Auch stehen die Kosten in keinem Verhältnis zu den Möglichkeiten, die sie eröffnen, zumal diese Massen wegen ihres hohen Preises immer sparsam zu verbrauchen sind, was jeder kreativen Vitalität von Kindern hemmend entgegenwirkt.

e) Aufbereitung

Die gestalterische Arbeit mit Ton beginnt mit der Aufbereitung des Materials. Fertigtonmassen sind hier relativ einfach zu handhaben. Der Ton wird mit einem Messer, oder besser Schneidedraht, in für Kinder gut zu bewältigende Stücke zerschnitten und ausgeteilt.

Durch Reißen und Schlagen wird das Tonstück gleichmäßig durchgeknetet. Der Klumpen wird kräftig auf die Arbeitsfläche geworfen, abgelöst, gedreht und wieder geschlagen. Während dieser für die Kinder sehr lustbetonten und spannungslösenden Tätigkeit wird der Klumpen immer wieder auseinandergerissen und wieder zusammengeknetet.

Bei zu trockenem Ton werden nasse Tücher verteilt, an denen die Kinder sich die Hände und damit wieder ihre Tonklumpen befeuchten können.

Für die Kinder bedeutet dieses Schlagen nicht nur das Lösen von Spannungen, sondern auch Abbau der Scheu vor der Tonmasse, die Hinwendung zum Material mit dem ganzen Körper und dadurch ein Be-Greifen seiner Wesensmerkmale.

Tonmehl ist in der Aufbereitung komplizierter, aber dafür interessanter und intensiver erfahrbar als fertige Tonmassen. Sein Vorteil zeigt sich besonders darin, dass er von der Pulverform erst zur festen Masse gebracht werden muss.

Schamottemörtel bzw. Klinkertonmehl wird auf den Tisch gegeben, zu einem Berg zusammengeschoben und Wasser hinzugesetzt. Das Wasser wird in das Mehl eingeknetet, bis ein geschmeidig formbarer Klumpen entstanden ist, der in derselben Weise wie die Fertigtonmassen gerissen und geschlagen werden kann. Das ist erforderlich, um die winzigen Tonmoleküle aneinanderzupressen, Luftbläschen zu schließen, Schamotte und Feuchtigkeit im Ton gleichmäßig zu verteilen. Das Mischen von Tonmehl und Schamotte ist in trockenem Zustand leicht, in nassem schwierig.

Es kann in dieses Kapitel leider nicht alles aufgenommen werden, was zum Thema Ton gehört. Daher sei an dieser Stelle auf die Literaturangaben im Anhang verwiesen, die eine Reihe weiterführender Fachbücher ausweisen.

f) Arbeitsbeispiele

Im Folgenden werden einige einfache Aufgaben vorgestellt. Einige Hinweise dazu, die zum Gelingen und zur Freude an der Arbeit mit Ton wichtig erscheinen: Ton fordert den ganzen Körper und all seine Sinne. Dies heißt für das Arbeiten, dass genügend Platz für den einzelnen vorhanden sein sollte, damit er mit dem ganzen Körper, der ganzen Kraft und Konzentration arbeiten kann. Stehend am Tisch fällt es Kindern leichter als im Sitzen zu arbeiten. Die Position des Sitzens ist einengend und führt zu kleinlichem Gestalten.

Das Zurücktreten vom Werkstück sollte ebenso möglich sein, wie ein kraftvolles sich über den Tisch Lehnen, um den Ton mit der Hand, unterstützt durch das Körpergewicht, flach zu drücken.

Die Arbeitsfläche ist bedeutungsvoll für die Freude am Arbeiten. Glatte, wasserabstoßende Arbeitsflächen, wie lackierte Holzplatten oder kunststoffbeschichtete Tische bewirken, dass der Ton an ihnen festklebt und nur schwer wieder abzulösen ist. Günstig sind unbehandelte fichtene Massivholztische, die die Feuchtigkeit der Tonmasse aufnehmen und verhindern, dass der Ton festklebt. Wo es an solchen Tischen fehlt, können unbehandelte breite Schalbretter (12 bis 14 cm breit), – preiswert im Baustoffhandel zu erwerben –, die mit Schraubzwingen am Tisch befestigt (mit Filz unterlegt) werden, den Mangel ausgleichen.

Beim Experimentieren, Schmieren, Manschen darf großzügig zum Wasser gegriffen werde. Bei allen gestalterischen Tätigkeiten mit Ton ist es jedoch ratsam, nicht zu nass zu arbeiten, damit beim Trocknen Risse vermieden werden.

1. Tonschlamm

Material: Tonmehl/Fertigton
Plastikschalen
Wasser
Arbeitskittel (möglichst mit kurzen Ärmeln)

Dieses Arbeitsangebot ist besonders sinnvoll im Vorschulbereich, kann aber auch als Einstieg in die Arbeit mit Ton bei größeren Kindern angewendet werden.

Das Tonmehl wird in Plastikschüsseln gefüllt. Bereits hier werden die Kinder sich mit dem Material auseinandersetzen, werden die Hände in die lockere Masse stecken, sie durch die Finger gleiten lassen. Dem Befühlen und Ertasten sollte Zeit und Spielraum gelassen werden. Nach und nach kann nun Wasser hinzugefügt werden. Das Tonmehl verändert seine Beschaffenheit, wird klumpig.

Solange Wasser beimengen, bis eine schlammig-breiige Masse entstanden ist. Das weitere besorgen die Kinder selbst.

Diese auf den ersten Blick sinnlose, weil zweckfreie Betätigung ist für die Kinder eine äußerst wichtige Erfahrung im taktilen und kinästhetischen Sinne. Hände und Arme können mit der glitschigen Masse beschmiert werden, sie wird lustvoll zwischen den Händen zerdrückt, quillt zwischen den Fingern hervor, hüllt die Hände ein, schmiegt sich feucht-kühl an die Haut an.

Es ist das „Denken der Hände" (H. Kükelhaus, Organismus und Technik, Fischer Verlag, Mai 1979), da es den Kindern den Zugang zum späteren, gestalterischen Umgang mit Ton erschließt.

2. Berg/Höhlen

Material: Ton (20 bis 30 kg)
Feuchte Tücher
Schneidedraht

Den Ton aufschneiden und von den Kindern durchreißen, schlagen, aufbereiten lassen. Die nassen Tücher dienen dem Anfeuchten der Hände. Schmieren, Manschen mit nassen Händen sollte keinesfalls unterbunden werden.

Freie Betätigung mit dem Material, Berge auftürmen, Höhlen hineinbohren, Wände errichten, Wege und Straßen eindrücken. Die Kinder entwickeln eine Vielzahl eigener Ideen dazu. Geschichten, Märchen, die eigenen Erlebnisse der Kinder können zur Anregung förderlich sein.

3. Kugel und Schlange

Material: Ton
Feuchte Tücher
Schneidedraht

Erste gezielte Gestaltungsversuche sollten aus diesen Grundformen heraus erarbeitet werden. Die Kugel ist die Ausgangsform eines jeden Gefäßes. Durch Eindrücken mit dem Daumen entsteht eine Höhlung, die erweitert zu einem Gefäß werden kann. Auch die Figur kann die Kugel als Ausgangspunkt haben.

Die rotierende Bewegung der Hände, zwischen denen der Ton sich allmählich rundet und zur Kugel geformt wird, erfordert von den Kindern ein hohes Maß an Koordination der Bewegungen.

Die Schlange, über bimanuelles, synchrones Walzen eines Tonwulstes gebildet, fördert die Sensibilität im Umgang mit dem Material. Gleichmäßig ausgerollt, lassen sich die beiden Enden zu einem Ring verbinden oder die Schlange wird zu einer Schnecke aufgerollt. In zu trockenem Ton entstehen während des Biegens und Aufrollens Risse. Zu nasser Ton bleibt auf der Unterlage kleben und lässt sich nicht walzen.

4. Gestalt/Figur

Material: Ton (20 bis 40 kg)
Tücher
Wasserschalen
Schneidedraht

Figürliches Gestalten vollzieht sich bei Kindern in additiver Weise: Unterschiedliche Teile werden zusammengesetzt und ergeben ein Ganzes. Das Herausarbeiten einer Figur aus einem Tonklumpen oder Block ist kaum zu beobachten.

Die einzelnen Teile wie z. B. Arme, Bauch, Kopf, Beine sollten kraftvoll aneinander gedrückt und gut verstrichen werden, um einem Ablösen der Teile beim Trocknen oder Brennen vorzubeugen. Größere Auflageflächen der Teile, z. B. an den Körper angelegte Arme, versprechen höhere Haltbarkeit und sind dem Material gemäßer, als vom Körper abstehende Elemente, beim Elefanten zum Beispiel der Rüssel.

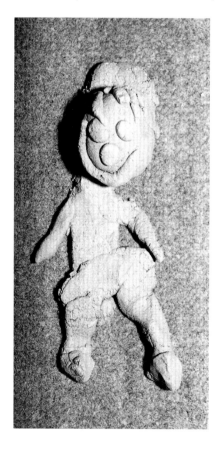

Bögen, die an zwei Punkten festgemacht sind, neigen durch die auftretende Spannung während des Trocknens zum Reißen und sollten feuchter gehalten sein, als das übrige Werkstück. Feuchte Papier- oder Stoffstreifen um die betreffenden Stellen gewickelt, verhindern zu schnelles Austrocknen und dadurch auftretende Spannungen.

Das Herausarbeiten von Tier- und Menschengesichtern erweist sich für die Gesamtgestaltung einer Figur als vorteilhaft. Tier- und Menschenköpfe sind plastische Körper, im Wechselspiel von erhabenen, abstehenden und tiefliegenden Teilen. So ist der Mund beim Menschen keine Furche, sondern erhaben, so wie auch die Augen, die, obwohl sie in Höhlen liegen, hervorstehende Teile sind. Die Ohren vermitteln die Tiefendimension des Kopfes.

Plastisches Arbeiten erfordert vielfältige Erfahrungen im taktilen, haptischen Bereich. Daher sind Spiele, wie verdeckte

Gegenstände mit verbundenen Augen ertasten und bestimmen, Körper ertasten und Personen erraten, Skulpturen nicht nur betrachten, sondern auch begreifen, äußerst wichtige Informationsquellen für das plastische Arbeiten.

5. Gefäße

Material: Ton
Schneidedraht
Tücher
Wasserschalen
Arbeitskittel

Kinder beginnen bald, nachdem sie sich mit dem Material angefreundet haben, Höhlen und Löcher in Klumpen zu bohren und Urformen von Gefäßen zu produzieren.

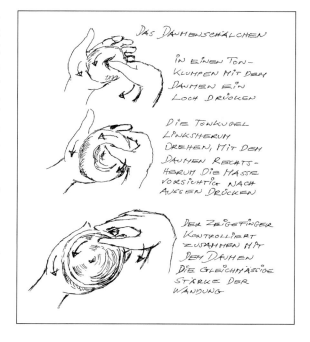

Das Formen eines Daumenschälchens stellt dann eine Erweiterung dieser „Bohrungen" dar. Eine Tonkugel liegt locker in der linken Hand. Mit dem Daumen der rechten Hand wird eine Mulde in die Kugel gedrückt. Nun wird die Kugel mit der linken Hand gedreht, während der Daumen die Tonwand gleichmäßig nach außen drängt und so die Höhlung vergrößert. Der Zeigefinger der rechten Hand liegt leicht gekrümmt auf Höhe des Druckpunkts des Daumens außen am Gefäß und prüft die gleichmäßige Stärke der Wandung. Mit einiger Übung gelangen die Kinder bald zu guten Ergebnissen.

Flache Schälchen und Becher lassen sich auch auf anderem Wege herstellen, indem der Tonklumpen auf dem Tisch liegend durch Drücken und Pressen in der

Mitte vertieft wird und die nach außen gedrängte Masse mit Daumen und Zeigefinger zu einem stehenden Rand geformt wird.

Die sog. Aufbautechnik ist eine bei Laien gebräuchliche Form der Gefäßherstellung. Von einer Grundplatte wird ausgegangen. Eine Kugel wird flach gedrückt, die Gefäßwand wird auf dem Rand aufgebaut. Dies kann sowohl mit Tonwülsten, als auch mit Tonplatten geschehen. Wichtig ist sorgfältiges Aneinanderpressen und Verstreichen der Nahtstellen. So lässt sich vermeiden, dass die Gefäße beim Trocknen und Brennen reißen.

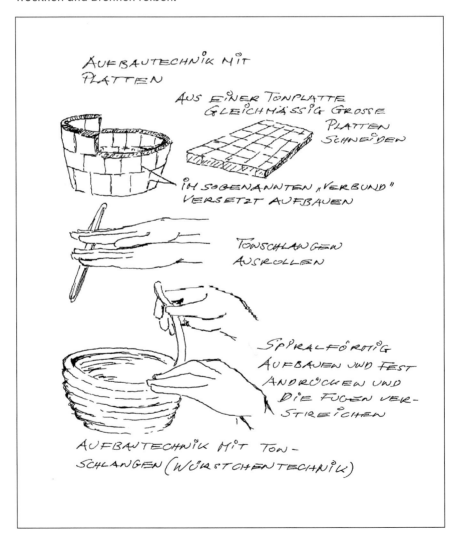

Vase in Aufbautechnik

6. Tonplatte

Material: Ton
Schneidedraht
Kanthölzchen (2 mal 2 mal 40 cm)
Teig-/Tonrolle
Arbeitskittel

Die Kinder kommen von selbst darauf, eine Kugel mit der Faust platt zu schlagen und so eine Platte herzustellen. Damit ist der erste Schritt zur Kachel getan. Was anfangs eine impulsive, aus dem Experimentieren entstandene Handlung war, kann aufgegriffen und weitergenutzt werden. Dies kann über verschiedene Wege geschehen: durch Einritzen von Strukturen, durch Stempeln, durch Eindrücken mit verschiedenen Hilfsmitteln, wie z. B. spitzen Gegenständen, Bleistift oder Spitzbohrer, aber auch durch Eindrücken mit den Fingern und Händen oder das Drucken mit verschiedenen Druckstempeln, wie rohen Holzbrettchen mit deutlicher Maserung oder anderem.

Eine weitere Gestaltungsmöglichkeit bietet das Auflegen von Tonkügelchen, Schlangen etc. Sie müssen fest angedrückt und evtl. mit Leiste oder Brettchen angeklopft werden, damit verhindert wird, dass sie sich während des Trocknens von der Platte lösen.

Die Gestaltung einer Wandfläche mit selbst hergestellten Platten ist für Kinder besonders reizvoll. Die individuelle Form der Platten kann in die gesamte Gestaltung mit einbezogen werden. Ebenso lassen sich die verschiedenen Techniken miteinander verknüpfen, wie z. B. gestempelte Kacheln neben geritzten, mit Hand und Fingern verzierte Platten neben Platten mit aufgesetzten Tonkügelchen oder ähnlichem.

Wer Wert legt auf möglichst gleiche Größe und Stärke der Platten bei rechteckiger oder quadratischer Form, kann dies auf folgendem Weg erreichen: Ein großer Tonklumpen (10 bis 15 kg) wird nach gründlicher Aufbereitung (Schlagen, Reißen, Zusammenfügen und wieder Schlagen) zu einem Quader geformt. Die Grundfläche richtet sich nach der gewünschten Größe der Kacheln. An zwei Seiten des Quaders werden gleichstarke Holzleisten (1 bis 2 cm) aufeinander gelegt. Mit dem Schneidedraht wird der Tonquader nun in dicke Scheiben geschnitten, wobei der Draht so geführt wird, dass er immer auf den beiden oben liegenden Holzleisten aufliegt.

Die abgeschnittene Scheibe wird abgelegt, je eine Leiste rechts und links des Quaders wird entfernt und die nächste Scheibe wie oben beschrieben abgeschnitten. Wer ganz genaue Kantengrößen wünscht, schneidet aus stärkerem Karton eine entsprechend große Schablone, die auf die Scheibe aufgelegt wird, und trennt dann mit Spachtel oder Messer die Tonüberstände entlang der Schablonenkante ab.

Die Stärke der Holzleisten richtet sich nach der Größe der Platten. Bei Platten von 10 mal 10 cm Größe genügt 1 cm Plattenstärke, bei 15 mal 15 cm 1,5 cm und bei 20 mal 20 cm 2 cm. Je größer die Platten ausfallen, desto mehr neigen sie dazu, sich während des Trocknens zu verwerfen und zu verbiegen.

Die Ausgestaltung der Platten kann in der oben beschriebenen Weise geschehen. Um zu verhindern, dass die Tonplatten sich während des Trocknens verziehen, ist es ratsam, sie entweder auf dem unbehandelten Brettchen, auf dem sie gefertigt wurden, liegen zu lassen, bis sie abgetrocknet sind, oder besser, sie auf Roste zu legen, damit sie gleichmäßig von unten, wie von oben trocknen können.

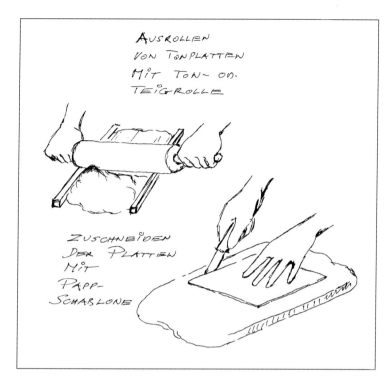

Ausrollen von Tonplatten mit Ton- od. Teigrolle

Zuschneiden der Platten mit Pappschablone

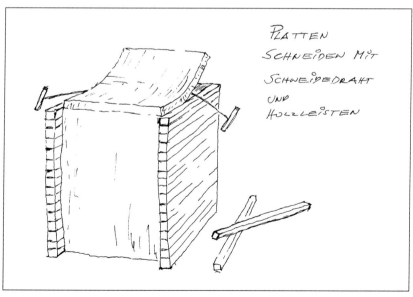

Platten schneiden mit Schneidedraht und Holzleisten

g) Trocknen

Tongegenstände müssen, bevor sie gebrannt werden, durchtrocknen. Je nach Größe und Stärke der Tongegenstände dauert das Durchtrocknen 3 bis mehrere Tage. Voraussetzung hierfür ist ein trockener, belüfteter Raum. Der Ton gibt beim Trocknen Feuchtigkeit ab und „schwindet", d.h. die Gegenstände werden kleiner, schrumpfen. Je nach dem Schamottegehalt, ob der Ton fett oder mager ist, schwindet er mehr oder weniger. Der Schwund kann bis zu 10 % betragen. Die Gegenstände, besonders Platten, sollten mehrmals während des Trockenvorganges gewendet werden.

Unregelmäßig dicke Wandungen neigen zu Rissen, da der Trocknungsvorgang unterschiedlich rasch vonstatten geht und dadurch Spannungen im Material auftreten.

h) Bemalen mit Plaka

Tongegenstände, die nicht gebrannt werden sollen, können mit Plakafarbe farbig gestaltet werden. Zu bedenken ist hier jedoch, dass ungebrannter Ton verwundbar ist und leicht kaputtgehen kann.

i) Engobieren

Das farbige Gestalten von Tongegenständen, die gebrannt werden, kann in unterschiedlicher Weise geschehen. Bei ungebrannten Stücken kommen Engoben in Frage. Engoben sind farbige Tone. Mit Pinsel oder Malhörnern werden sie dickflüssig auf die noch nicht durchgetrockneten Tongegenstände aufgetragen.

j) Brennen

Der erste Brand wird der Schrühbrand genannt. Bei unglasierten, nur einmal gebrannten Tongegenständen wird daher auch von geschrühten Stücken gesprochen. Je nach der Zusammensetzung der Tone, sowie unter Berücksichtigung des Verwendungszwecks wird zwischen 700 und 1200 Grad Celsius gebrannt. Genaue Angaben über die jeweiligen Brenntemperaturen gibt der Hersteller, bzw. Händler, von dem der Ton bezogen wurde.

Elektrische Brennöfen sind teuer. Verfügt eine Einrichtung nicht über einen solchen Ofen, bietet es sich an, bei Töpfereien, oder in Schulen nachzufragen, ob dort mitgebrannt werden kann. Gegen geringe Kostenbeteiligung ist es meist möglich. Günstiger ist es natürlich, über einen eigenen Brennofen zu verfügen oder sich aber einen Lehmbrennofen zu bauen. In den Literaturhinweisen wird ein Buch vorgestellt, das sich eingehend damit befasst. Darüber hinaus wird im Kapitel „Gestalten im Außenbereich" der Bau eines Brennofens beschrieben.

Für das Brennen benötigt ein elektrischer Brennofen, ebenso wie ein Brennofen aus Lehm, etwa 8 Stunden, vom Ein- bis zum Ausräumen 3 Tage. Das Einräumen der Tongegenstände (Bestücken) ist beim ersten Brand, dem sogenannten Schrühbrand, unproblematisch, da sich das Brenngut berühren darf (im Gegensatz zum Glasurbrand). Beim Elektroofen dürfen die Tongegenstände keinen Kontakt mit den Heizspiralen haben, weil diese sehr empfindlich sind.

k) Glasieren

Glasuren steigern die Wirkung und können Strukturen und Formen von Tongegenständen unterstreichen. Sie werden wie Engoben in Pulverform angeboten und müssen mit Wasser zu dünnbreiiger Flüssigkeit angesetzt werden. Hierbei ist ein Durchsieben des Pulvers durch ein feinmaschiges Sieb erforderlich, um eine einwandfreie Pigmentverteilung zu erreichen.

Glasuren werden in großer Auswahl von Farbe und Eigenschaften angeboten. Drei Gruppen von Glasuren können unterschieden werden: deckende Hochglanzglasuren, deckende Mattglasuren, und transparente Hochglanzglasuren. Der Auftrag der Glasuren auf Tongegenstände kann mit einem Pinsel erfolgen oder aber über das Eintauchen der Gegenstände in den Glasurbrei.

Eine Akzentuierung geritzter oder gestempelter Tonplatten kann durch deckenden Glasurauftrag mit dem Pinsel erfolgen, der nach dem Durchtrocknen der Glasur mit einer harten Bürste von der Plattenoberfläche wieder entfernt wird. Glasurreste bleiben hierbei in den Ritzen und Vertiefungen der Tonplatten haften und unterstreichen nach dem Brennen die Strukturen, Linien und Stempelmotive.

Zum Experimentieren bietet sich auch Glas als Glasurmittel an. Buntglas, wie zum Beispiel von Flaschen, wird zerstoßen und auf Gefäßböden oder Tonplatten verteilt und gebrannt. Vertikale Flächen, wie zum Beispiel Gefäßwände, können mit Glas nicht glasiert werden, da das zerstoßene Glas an ihnen nicht haftet.

Die Standflächen glasierter Gegenstände müssen frei von Glasuren sein, um zu verhindern, dass die Gegenstände während des Brandes an der Schamotteplatte, auf die sie gestellt werden, haften bleiben.

Nicht immer muss zur Glasur gegriffen werden. Bei Figuren aus Ton sollte überlegt werden, ob eine Glasur erforderlich ist. Aber auch bei Tonplatten und Gefäßen – soweit sie nicht als Flüssigkeitsbehältnisse dienen sollen –, ist eine Glasur nicht immer notwendig.

l) Hinweise

Ton und Lehm sollten Kindern so wenig wie Sand und Wasser vorenthalten werden. Auch schwer körperbehinderte Kinder sind bei entsprechender Hilfestellung in der Lage, das Material zu bewältigen. Es muss aber genau herausgefunden werden, welche Gestaltungstechniken für das einzelne Kind leistbar und erlernbar sind.

Für Körperbehinderte sowie Kinder mit taktil-kinästhetischen Wahrnehmungsproblemen bietet sich das Arbeiten mit Tonmehl und Tonbrei als elementare Auseinandersetzung an. Die sich durch das hinzugesetzte Wasser veränderte Konsistenz von Tonmehl zu Tonbrei und schließlich zu formbarer Tonmasse kommt dem kindlichen Bedürfnis nach Manschen und Schmieren entgegen – einer Tätigkeit, die besonders körperbehinderten Kindern meist vorenthalten wird, da sie selbst oft nicht in der Lage sind, sich den Zugang zu Schlamm und Matsch zu schaffen.

Das Arbeiten an Platten ist durchaus auch mit körperbehinderten Kindern zu realisieren. Bei Figuren und Gefäßen muss im einzelnen entschieden werden, ob es durchführbar ist. Dies kann nur für jedes einzelne Kind und in der unmittelbaren Auseinandersetzung mit dem Material geschehen. So stellte ein neunjähriger Junge mit einer rechtsbetonten Hemiplegie sehr differenzierte Tonplastiken her, obwohl er seine rechte Hand kaum als Hilfshand einsetzen konnte und nur mit der linken Hand arbeitete.

Der hohe Aufforderungscharakter des Materials Ton regt Kinder zu hoher Leistungsbereitschaft und kraftvoller gestalterischer Initiative an. Bewährte Hilfsmittel sind Leisten und Schlagbrettchen, Teigrollen, Messer und ähnliches. Bewährt haben sich auch Gips- und Holzstempel mit einfachen Motiven, Figuren oder selbst hergestellten Strukturen. Speziell für hemiplegische Kinder bietet sich die Einhänderteigrolle an.

Die Bauanleitung für die Einhänder-Teigrolle befindet sich auf der folgenden Seite.

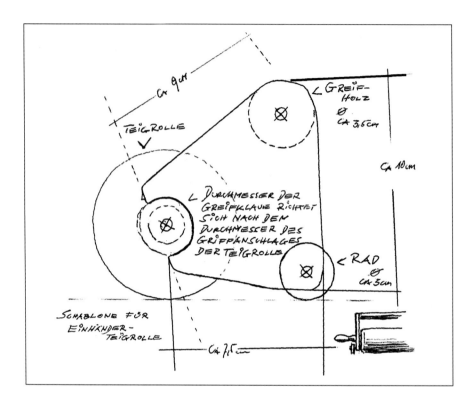

3.3 Puppenbau

3.3.1 Einführung

Puppen und Figuren gehen auf alte Traditionen zurück. Sie finden sich in vielen Kulturen der Vergangenheit und Gegenwart. Die Puppe fungiert als Bindeglied zwischen Mythos und Realität, Fantasie und Leben. Sowohl der Bau von Puppen, als auch die Spieltechniken sind so variationsreich, wie die Kulturen, in denen sie entstanden sind.

Auch das europäische Puppenspiel hatte bis in das vorige Jahrhundert hinein noch einen großen Stellenwert und eine alte Tradition. Die Geburt der neuen Massenmedien dieses Jahrhunderts, wie Film und Fernsehen, und auch die Entwicklung der Theater und Schauspielhäuser weg von den elitären Bevölkerungsschichten, hin zur Öffnung als Kulturstätten für die breite Öffentlichkeit, haben das Puppen- und Figurentheater mehr und mehr verdrängt. Lediglich als Kasperltheater für Kinder fristet es mehr schlecht als recht sein Dasein. Nur wenige wirklich große Puppenspieler pflegen das Puppentheater als Kunst, sowohl in

Hinblick auf die ästhetische Gestaltung der Figuren, als auch der darstellenden Spieltechnik. Die Mehrzahl dieser Künstler wurde alsbald vom Medium Fernsehen vereinnahmt oder schlecht kopiert.

Eine Hochburg exzellenten Puppenspiels blieben die osteuropäischen Länder (bes. Polen und die neuen Bundesländer), denen die Puppe noch die künstlerische Freizügigkeit eröffnete, die ihnen an anderen Kulturstätten, wie Theater oder Fernsehen, verschlossen blieb. Aber auch im südlichen Teil Europas und besonders in den Ländern des fernen Ostens wird das Figurentheater in alter Tradition gepflegt.

In den letzten 15 Jahren ist jedoch in den europäischen Ländern eine Renaissance des Puppentheaters feststellbar. Viele Puppentheater sind gegründet worden und geben dem Figurentheater den Rang wieder, der ihm gebührt (z. B. die Puppenfestspiele in Bochum, Husum und anderswo).

Auf diesem Hintergrund ist es angezeigt, dem Puppentheater auch in der pädagogischen Arbeit einen neuen Stellenwert zuzuerkennen. Bisher wurde das Figurenspiel als therapeutisches Mittel eingesetzt. Wenig Beachtung fand dagegen der Einsatz des Figurentheaters als gestalterisch-kunstpädagogisches Medium, dem in seiner Gestaltungsvielfalt große Bedeutung zuerkannt werden muss. Über den Puppenbau, zum Bespielen der Puppen, bis hin zur Erarbeitung szenarischer Sequenzen und zu gemeinsamen von den Kindern erarbeiteten Stücken, bietet sich hier eine ganze Palette von Lerninhalten verschiedenster Fachrichtungen an.

Im Folgenden werden mehrere unterschiedliche Bauvorschläge für das Herstellen von Figuren besprochen, die sich auch elementar einsetzen lassen. Zuvor jedoch noch ein paar wenige, grundsätzliche Anmerkungen zur Gestaltung von Puppen und Figuren.

Stock-, Stab-, Handpuppe oder Marionette brauchen ihre persönliche Note. Deshalb ist es ratsam, mit jedem Kind vor Beginn des Puppenbaues zu überlegen, was seine Puppe darstellen soll, wer sie sein wird, ob freundlich, böse, launisch, hochnäsig, dümmlich usw. Auch ihre Funktion ist von tragender Bedeutung und wird Eingang finden in die Gestaltung. Es ist nicht unerheblich, ob die Figur ein Schornsteinfeger, Polizist, Bäcker, Professor oder Schneider ist. Kleidung und Attribute, z. B. der Schneider mit der Schere, Nadel und Faden, weisen der Figur ihre Rolle zu.

Wenn Einzelfiguren hergestellt werden, welche nicht zusammen spielen, sollte keine Festlegung erfolgen. Dem Kind wird so die Möglichkeit gegeben, seine Puppe vielfältig einzusetzen. Dennoch sollten gewisse Akzente gesetzt werden, die der Puppe ihre Identität ermöglichen.

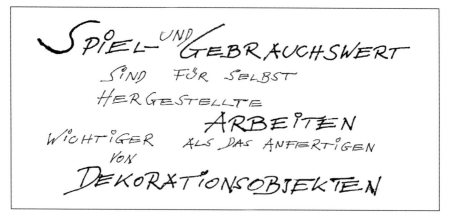

Bedenklich ist das Überladen der Figur mit vielen Details. Dies gilt vor allem für die Puppenköpfe. Hier muss gut überlegt werden, was betont werden soll. Allzu genaues Arbeiten und Gleichmaß schaden dem Ausdruck. Die Teile des Gesichts, wie Augen, Nase, Ohren, Mund, Kinn müssen miteinander korrespondieren. Ein Puppenkopf wird lebendig, wenn er mit unterschiedlichen Details ausgestattet wird. Ein Kopf mit großer, vorspringender Nase, fliehendem Kinn und kleinen Augen bekommt etwas Vogelähnliches. Ein vorspringendes, massiges Kinn und eine große, breite Nase, lassen das Gesicht energisch oder brutal erscheinen.
Auch die Kleidung der Puppe sollte von der Gesamtgestaltung her bedacht werden. Sehr bunte, leuchtende Stoffe eignen sich nur selten als Bekleidung für Puppen. Auch hier ist es sinnvoll, im Kind eine Vorstellung der Kleider im Zusammenhang mit der Persönlichkeit der Puppe zu wecken, und zwar bevor die Stoffe zur Auswahl bereitgelegt werden. Das Kind wird es dadurch leichter haben, den für seine Puppe passenden Stoff zu finden.
Puppen für ein gemeinsames Spiel bedürfen der Einheit im Ganzen, womit nicht Gleichförmigkeit gemeint ist. Dies ist für Kinder ungleich schwerer zu bewältigen, als für Erwachsene oder Jugendliche. Grundsätzlich sollte im Bewusstsein des Puppenbauers eingeprägt sein: Die Puppe muss auf Entfernung wirken. Man sollte sich nicht von der Wirkung der Puppe auf kurze Distanz täuschen und verleiten lassen, zu kleinlich zu arbeiten. Deshalb ist es für Kinder besonders wichtig, dass sie schon während der Arbeit auf Abstand zu ihrer Puppe gehen können, um zu sehen, ob die Puppe auch aus der Ferne betrachtet ihren Vorstellungen entspricht.*

---

* Puppen und Figurenbau bedarf mehrerer Arbeitsschritte und ist kaum in einer Einheit ausführbar. Daher ist es wichtig, dies mit den Kindern vorab zu besprechen. Die Arbeitsgänge und der Zeitaufwand sollten vorher festgelegt werden, um Frustrationen zu vermeiden. In einem ersten Schritt werden die Puppenköpfe/Rohlinge erarbeitet. Im Weiteren wird der Rohling gestaltet (Farbe, Haare etc.) und abschließend das Kleid hergestellt. Wird dies mit den Kindern im Vorfeld besprochen, steht dem Puppenbau nichts mehr im Wege.

3.3.2 Puppenarten

a) Stabpuppen

Material: Puppenkopf (siehe Puppen und Masken)
Rundstab 2 cm im Durchmesser, ca. 30 bis 40 cm lang
Rundstab 1 cm Durchmesser, ca. 25 bis 30 cm lang,
oder starker Draht.
Holzklotz, 10 mal 10 cm und 4 – 5 cm hoch
Holzperlen, 1 bis 1,5 cm im Durchmesser
Leichter Stoff, Stoffreste
Nadel und Faden
Scheren
Kordel/Schnur, Durchmesser 1 cm

Die Stabpuppe wird über einen Stab, auf dem der Kopf befestigt ist, und den das Kleid bedeckt, geführt. Die Fertigung dieser Puppe ist relativ einfach. Der Kopf wird, – wie unter Papier-Kleister-Technik, Papiermaché- und Holzmehltechnik beschrieben –, direkt auf dem Stab modelliert.

Nach dem Durchtrocknen und Bemalen des Kopfes wird eine etwa 1 cm dicke Kordel unterhalb der Halskrause so befestigt, dass beidseitig gleich lange Stücke als Arme dienen, an deren Enden Holzperlen oder modellierte Hände (übertrieben groß modellierte Hände sind sehr ausdrucksstark und sind für Kinder leichter herzustellen, als kleine Hände) befestigt werden.

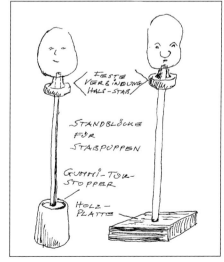

Für das Kleid sollten leichte, fließende Stoffe genommen werden. Das Kleid nicht zu eng bemessen, um beim Spielen mit der Puppe Bewegungsfreiheit zu haben.

Die Hände der Puppe werden mit Stäben oder stabilem Draht von unten geführt. Das ermöglicht lebendiges Spielen, ein weiterer Grund, die Puppe mit weitem fließendem Gewand auszustatten. Möglich ist auch, Arme und Hände wegzulassen und anstelle dessen das Kleid mit einem Schlitz zu versehen, durch den die freie Hand des Spielers gesteckt und zur Puppenhand wird. Eine behandschuhte Hand ist noch wirkungsvoller.

Zum Abstellen der Puppe wird ein Holzblock in den Maßen 10 mal 10 cm und 4 bis 5 cm Höhe in der Mitte mit einem Loch versehen, das den Haltestab der Puppe aufnehmen kann. Das Loch sollte genau passen, damit die Figur beim Abstellen nicht kippt.

b) Handpuppen

Material: Puppenkopf (siehe oben)
Leichte, fließende Stoffe/Leder
Nadel und Faden (Nähmaschine)
Rundstab, Durchmesser 2 cm
Holzklotz 10 x 10 x 5 cm

Der Kopf für die Handpuppe sollte aus leichtem Material gefertigt sein. Auch die Größe des Kopfes ist für die Bewältigung der Figur beim Spielen von Bedeutung.

Die Weite des Halses muss dem Finger des Spielers angepasst sein. Er darf nicht über den Fingerknöchel des zweiten Fingergliedes rutschen, damit der Kopf nicht in seiner Bewegungsfreiheit eingeschränkt wird. Hierzu wird die Halshülse (siehe unter Papier-Kleister-Technik, Papiermaché und Holzmehltechnik) aus Pappe um den Finger des Kindes gelegt und in der entsprechenden Weite mit Klebeband festgeklebt.

Die Handpuppe wird geführt, indem der Zeigefinger in die Halskrause, Daumen und Mittelfinger, oder kleiner Finger in die Arme und Hände gesteckt werden. Die bessere Spielmöglichkeit bietet das Aufstecken der Hände der Figur auf Daumen und kleinen Finger.

Zum Abstellen der Handpuppe kann ein runder Stab dienen, der in einen Klotz von ca. 10 mal 10 cm geleimt ist. Die Höhe des Rundholzes richtet sich nach der Länge des Gewandes (siehe Abb. auf der linken Seite).

c) Marionetten

Material: Rundhölzer
Nylon- oder Baumwollfäden (z. B. Kettband)
Leichte, fließende Stoffe, Stores etc.
Holzperlen, Holzkugeln 3 bis 4 cm im Durchmesser

Die Marionette ist die Figur, die am schwierigsten zu gestalten und zu handhaben ist. Für Kinder sind Stabmarionetten zu empfehlen. Fadenfiguren sind sowohl in der Herstellung als auch zum Spielen kaum zu bewältigen. Daher soll hier auch nur die einfachste Art der Marionette vorgestellt werden: Die Tuchmarionette.

Den Kopf der Marionette bildet eine Holzkugel. Je nach Gestaltungswunsch kann der Stoff in die Kugel eingelassen oder aber in den Stoff eingearbeitet werden. Diese beiden Möglichkeiten beinhalten auch unterschiedliche Schwierigkeitsgrade im Bau der Figuren.

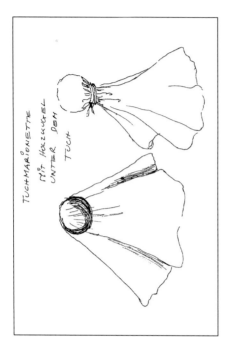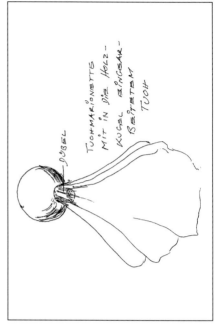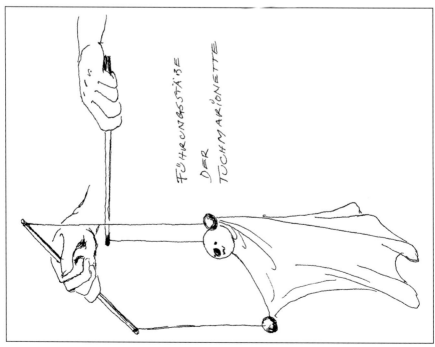

Die einfachste Figur ist die reine Tuchfigur, bei welcher der Kopf (also die Holzkugel), in der Mitte eines quadratischen Tuches platziert wird. Das Tuch wird unter der Kugel gestrafft und mit einer Nylon- oder Baumwollschnur fest zugebunden.

Zwei gegenüberliegende Tuchenden bilden die Arme und Hände, an die gegebenenfalls Holzperlen genäht werden können. Drei Spielfäden werden an der Puppe befestigt. Der erste in der Mitte, an der Oberseite der Kugel. Den Faden mit einer Nadel durch das Tuch ziehen und vernähen und verknoten. Die beiden anderen Fäden an den äußeren Spitzen des Tuches, die als Arme und Hände fungieren, ebenso befestigen und verknoten. Die Fäden sollten 30 bis 40 cm lang sein.

Ein Stab von ca. 1,5 cm Durchmesser und etwa 20 cm Länge wird zur Führung des Kopfes verwendet. Der Kopffaden wird an einem Ende des Stabes festgebunden. Vorheriges Einkerben des Stabes ist zu empfehlen. Der Stab wird wie eine Angel geführt. Ein weiterer Rundstab von etwa 30 cm Länge und gleichem Durchmesser wie der erste dient als Führungsstab für die Hände. Die Fäden werden an den beiden Enden des Stabes befestigt. Der Stab wird in der Mitte gehalten.

Die Tuchmarionette mit Holzkopf wird in gleicher Weise hergestellt. Ein Unterschied besteht nur darin, dass das Tuch in ein Loch an der Unterseite der Holzkugel gesteckt und mit einem Holzdübel festgeklebt wird. Der Faden für die Kopfführung kann an eine in die Kugel gedrehte, kleine Öse gebunden werden, die durch Woll- oder Fellhaare verdeckt wird. Oder aber er wird in ein kleines Loch gesteckt und durch einen Holzdübel darin befestigt. Der Faden sollte dann an dem in das Loch zu steckenden Ende verknotet und der Dübel verleimt werden.

d) Maskenfiguren

Die Stockmaske ist im Kapitel „Gestaltungsmöglichkeiten mit Gipsbinden" (siehe S. 155) beschrieben, ebenso die Vollmaske. Beide Maskenarten eignen sich besonders für das Figurentheater. Als Ausgangsmaterial können auch Sperrholzplatten, oder feste Graupappe dienen.

Für die Kleider solcher Figuren, die größer ausfallen müssen, sollten zarte Stoffe verwendet werden, die zum einen das Gewicht der Masken nur unmerklich erhöhen, zum anderen aber durch ihren fließend-luftigen Charakter die Figuren beträchtlich beleben.

Großfiguren dieser Art verleiten zu differenziertem, detailliertem Arbeiten, denn die großen Flächen verunsichern zunächst und der gestaltend Tätige lässt sich gerne von dem Bedürfnis leiten, die scheinbare Leere durch immer mehr Details und Dekorationen zu überwinden. Das aber bringt wenig Gewinn und ist der Gesamtgestaltung der Maske eher abträglich. Wenige, deutliche Akzente verschaffen der Figur mehr Wirkung, als ins Detail gehende, dekorative Anhäufungen von zusammenhanglosen Einzelheiten.

Für das Figurentheater sollte nur ein Puppentyp verwendet werden. Auch möglichst keine Mischung unterschiedlich wirkender Maskenarten. Das bedeutet keineswegs Einförmigkeit, denn jede Herstellungsart beinhaltet eine große Gestaltungsvielfalt. So kann auf starke Farbkontraste und Buntheiten in der Gestaltung der Masken und Kleider gut verzichtet werden, es sei denn, der Inhalt einer Szene fordert dazu auf. Zurückhaltung in Farbe und Detail, bei gleichzeitiger Betonung des Wesentlichen, erleichtert die Kombination mehrerer Figuren im Spiel erheblich.

e) Puppenkleider

In den Abschnitten des Kapitels „Puppenbau" wird darauf aufmerksam gemacht, dass leichte, fließende Stoffe aus verschiedenen Gründen für Puppenkleider am geeignetsten sind. Schnitte für Kleider können ganz unterschiedlich ausfallen. Nur wenige Standardschnitte seien deshalb hier aufgenommen.

Für Handpuppen sollte die Spanne zwischen abgespreizten Puppenhänden etwas größer sein, als die weiteste Handspanne des Spielers. Die Länge der Kleider sollte so bemessen sein, dass sie bis in die Ellenbeuge reichen.

Bei Stabpuppen empfiehlt es sich, den Kleidern genügend Spielraum für die Hände des Spielers zu geben, besonders dann, wenn die Hand des Spielers gleichzeitig Puppenhand ist.

In vielen Fällen werden die Kinder nicht in der Lage sein, ihre Puppenkleider selbst mit der Hand zu nähen. Eine Nähmaschine ist dann zweckmäßig. Wer Sinn für gesellige Betätigung hat und einen entsprechenden Kreis Gleichgesinnter findet, wird allerdings immer wieder feststellen, dass sich das Nähen mit Nadel und Faden als besonders gemeinschaftsfördernd erweist.

Die Puppenkleider werden nach einem entsprechenden Schnittmuster aus dem Stoff ausgeschnitten. Mit Schneiderkreide kann der Schnitt auf den Stoff übertragen oder aus Papier vorgearbeitet und mit Stecknadeln auf den Stoff geheftet werden. Meist werden zwei gleiche Stoffteile, ein Vorder- und ein Rückenteil, benötigt, die dann zusammengenäht werden.

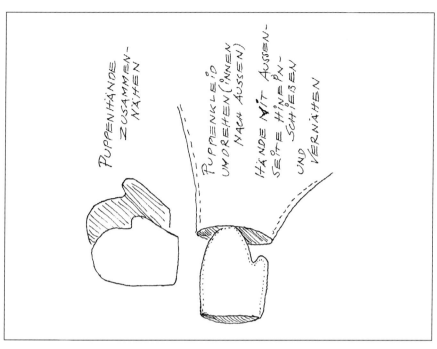

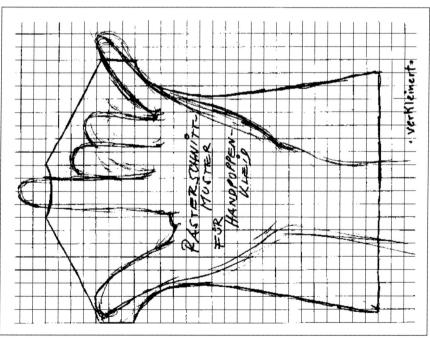

Das Kleid der Handpuppe hat vier Öffnungen: Die Halsöffnung, die Öffnung für die Arme (die Puppenhände werden erst nach dem Zusammennähen des Kleides angebracht) und den Saum.

Diese vier Öffnungen sollten vor dem Zusammennähen des Kleides gesäumt, also ein- oder besser zweimal umgeschlagen, vernäht werden. Der Saum sollte, wie alle Nähte, innen liegen.

Soll an der Halsöffnung am Kragen ein Band zur Befestigung des Kleides eingezogen werden, muss der Saum entsprechend weit ausfallen und an den Seiten offen bleiben.

Das Kleid wird mit innenliegender Naht zusammengenäht. Die beiden Teile werden mit den Außenseiten genau aufeinandergelegt und mit Stecknadeln zusammengeheftet. Mit der Nähmaschine oder Nadel und Faden vom Saum zum Ärmel und vom Ärmel zum Kragen beidseitig vernähen.

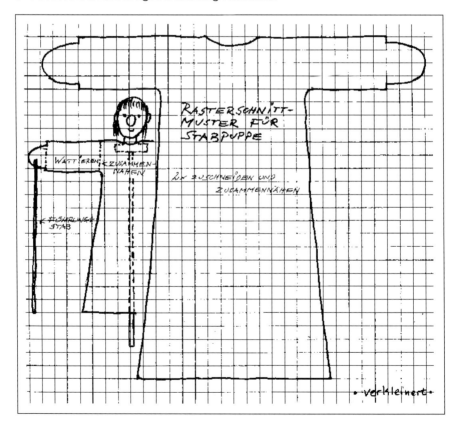

Es ist ratsam, die Naht am Kragen nicht vollständig bis an den Saum zu schließen, sondern sie erst direkt am Hals der Puppe endgültig zu vernähen. Das vermindert die Gefahr, dass der Kragen zu eng wird und nicht über die Halskrause passt, was wiederum zur Folge hätte, dass die Naht aufgetrennt und neu vernäht werden müsste.

Die Puppenhände werden ebenso aus Stoff oder dünnem Leder ausgeschnitten, mit den Außenseiten aufeinanderliegend zusammengenäht und danach gewendet. Sie werden in das Ärmelloch des noch nicht gewendeten Kleides gesteckt und rundherum am Ärmel festgenäht.

Nun kann das ganze Kleid gewendet und über die Halskrause geschoben werden. Noch einmal das Kleid über den Kopf der Puppe stülpen und den Kragen innen mit Nadel und Faden eng am Hals vernähen. Es ist genau dieselbe Weise, in der auch Kleider für Stabpuppen oder Marionetten zu nähen sind.

f) Hinweise

Es sollte für körper- und mehrfachbehinderte Kinder nicht vorschnell darüber geurteilt werden, ob ein Kind in der Lage ist, eine Puppe zu bauen und zu führen, oder nicht. Fast für jedes Kind kann ein entsprechender Puppentyp ausfindig gemacht werden, den es bauen und führen kann.

Gute Erfahrungen wurden mit der Stabpuppe gemacht. Sie kann am besten gehandhabt werden, wenn der Führungsstab einen Standblock erhält. So kann das Kind die Puppe vor sich auf dem Tisch abstellen, die Puppe verschieben und so problemlos die Führungsstangen oder -drähte für die Puppenhände bedienen. Der Standblock lässt sich aus einem quadratischen, mit einem Loch versehenen

Holzblock oder einem Türstopper aus Vollgummi mit durchgehender Lochbohrung herstellen.

Einfache Tuchmarionetten mit nur zwei Führungsstäben sind auch für Rollstuhlfahrer geeignet. Allerdings sollte bedacht werden, dass manches Kind sich nur mit einer Figur identifizieren kann, wenn diese unmittelbar vor ihm steht, berührbar, fühlbar; eine Voraussetzung, die der Tuchmarionette fehlt, denn sie hängt an Schnüren, meist außerhalb des unmittelbar überschaubaren Blickfeldes.

Stoffeschneiden ist schwieriger als das Schneiden von Papier. Stoffe haben nicht die Steifheit des Papiers, verrutschen leicht und verklemmen sich bei ungenauem Ansetzen der Schere. Deshalb sollten Kindern Stoffstücke und -reste zum Üben zur Verfügung gestellt werden.

Kinder, die in der Lage sind, mit der Schere einigermaßen genau zu schneiden, sollten sich für die Puppenkleider Papierschablonen herstellen. Diese Schablonen am Rand mit Klebstoff versehen und auf die Rückseite des Stoffes, aus dem das Kleid entstehen soll, faltenfrei aufkleben. Nun kann das Kind rund um die Schablone herum das Kleid ausschneiden, ohne dass der Stoff zerknittert oder verrutscht. Danach das Papier abreißen. Der verbleibende Kleberand wird nach innen eingenäht.

Die Handpuppe ist wohl nur für sehr wenige körper- oder mehrfachbehinderte Kinder einsetzbar. Das Heben und Agieren mit der Handpuppe setzt differenzierte Fähigkeiten der Hände und Finger voraus. Das Hochhalten der Handpuppe in Spielposition führt zu baldiger Ermüdung der Hände und Arme.

Hingegen kann die Stabpuppe so ausgestattet sein, dass es nicht erforderlich wird, sie hochzuhalten. Die Halte- und Führungsstäbe brauchen nur entsprechend verlängert zu werden. Weitere Hinweise zum Puppenbau finden sich unter „Puppen und Masken".

3.3.3 Schattenspiel – Kästen

Das Schattenspiel bietet eine Fülle von Einsatzmöglichkeiten. Sein Reiz liegt darin, dass es sich selbst mit wenigen einfachen Mitteln spontan entwickeln kann. Eine Lichtquelle, sowie eine kleine Projektionsfläche und wenige Gegenstände aus dem Alltag, die Hände nicht zu vergessen, genügen, um stimmungsvolle, interessante Bilder und Geschichten entstehen zu lassen.

Besonders wirkungsvoll sind durchbrochene Gegenstände, die differenzierte Schatten werfen. Stores, Drahtgeflechte, Vogelfedern, Rupfen, Gaze, Siebe, verwittertes Blattwerk, bei dem nur noch das Rippennetz vorhanden ist, das besonders zarte und reizvolle Schattenrisse bewirkt. Farbige Papiere, Transparent- oder Seidenpapiere, farbige Klarsichtfolien, Industrie- und Echt-Antik-Gläser erzeugen Farbstimmungen, welche sich mühelos verändern lassen.

Als Lichtquelle eignet sich eine Kerze ebenso wie ein Strahler oder eine Taschenlampe. Diaprojektoren sind besonders dann gut geeignet, wenn es alte, Einzelbild-Einschub-Geräte sind. Geräusche von Ventilatoren stören. Meist lassen sich die Dia-Einschubkammern leicht entfernen, so dass anstelle von Dias farbiges, lichtdurchlässiges Material an die Projektionsfläche projiziert werden kann.

Als Projektionsflächen bieten sich zahlreiche Möglichkeiten an: Kartons, in die quadratische, rechteckige oder runde Öffnungen geschnitten sind, mit Transparentpapier geschlossen, ergeben reizvolle kleine Bühnen für das Schattenspiel mit Kerzen oder Taschenlampe. Als größere Projektionsflächen können weiße Wände oder Türöffnungen, mit Bettlaken verhängt, dienen.

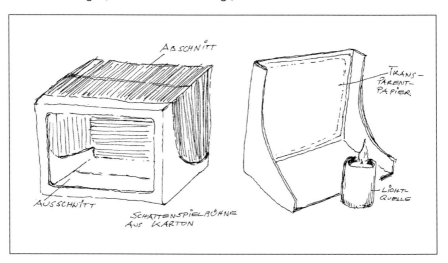

Günstig sind Ausschnitte. Ein Tisch, der mit der Tischplatte quer vor die Türöffnung gekippt wird, kennzeichnet den Bühnenboden. Von oben eine lichtundurchlässige Decke am Türstock befestigt, bildet die obere Begrenzung.

Schattenfiguren lassen sich an dünnem Nylonband von oben her, der Marionettenführung vergleichbar, oder von unten, an Stäben wie Stabpuppen, bewegen. Das Wesen des Schattenspiels ist das Experiment. Geschichten und Szenen entwickeln sich, neue Möglichkeiten erschließen sich in der Auseinandersetzung mit Licht und Schatten, Silhouetten und Farben. Anders als bei Hand- und Stabpuppen oder Marionetten ist das Schattenspiel in so vielfältiger Weise und mit so unterschiedlichem Material und auf einfachste Weise durchführbar, dass eine Materialliste und technische Lösungsbeispiele mehr verwirren als helfen würden.

a) Hinweise

Das Schattenspiel ist im gesamten Behindertenbereich wärmstens zu empfehlen. Es bietet nahezu allen körper- oder mehrfachbehinderten Kindern Möglichkeiten, sich aktiv zu beteiligen und Aufgaben zu übernehmen. Durch die Vielfalt der Möglichkeiten findet jedes Kind, das über einigermaßen gezielte Bewegungsabläufe verfügt, „seine" Schattenfigur die es auch zu führen vermag. Mischformen des Schattenspiels, wie z. B. das Führen von Figuren durch Schnüre von oben, oder an Draht oder Rundhölzern von unten, sind möglich. Fantasie und Kreativität erweisen sich hier als die besten Hilfsmittel.

3.4 Puppen und Masken

3.4.1 Einführung

Unter dieser Überschrift werden mehrere Techniken besprochen, die sich zur Herstellung von Puppen und Masken eignen. Aber auch andere Arten des Figurentheaters finden hier Eingang.

Eine große Chance zur Selbstfindung, Konfliktbewältigung und zum Aufbau von Selbstwertgefühl liegt im Herstellen und Spielen mit Puppen und Masken. Das Rollenspiel ist eine der wichtigsten kindlichen Betätigungen, die dem Kind helfen, seine Umwelt zu ordnen, sie zu verstehen, sich in ihr zurecht- und wiederzufinden.

Kinder mit körperlichen und geistigen Behinderungen hingegen, finden häufig keinen Zugang zum freien Rollenspiel. Zu sehr sind ihnen ihre körperlichen, kommunikativen oder seelischen Beeinträchtigungen hinderlich, sich unbefangen den hohen Anforderungen des Rollenspiels auszusetzen. Puppen und Masken kommt hier die wichtige Rolle des Mittlers zu. Sie ermöglichen es diesen Kindern, ihre Defizite zu kompensieren, sich eine Wunschidentität aufzubauen, die auch von der Umwelt ernst genommen wird. In der Sprachbehandlung ist dies schon lange erkannt und wird gezielt erfolgreich eingesetzt.

Auch in der Spieltherapie der Heilpädagogik und Psychologie wird mit Puppen gearbeitet, um Kindern zur Konfliktlösung oder Strukturierung der Umwelt zu verhelfen. Wenig Wert wird allerdings auf Ästhetik und persönliche Prägung der Puppen gelegt. Selten nur finden Masken Eingang in die therapeutische Arbeit, obgleich ihnen ein noch höherer Stellenwert beigemessen werden muss, als den Puppen, die zu führen und zu spielen vielen Kindern schwerfällt. Das ist besonders dann der Fall, wenn zu sprachlichen oder seelischen Defiziten auch körperliche Beeinträchtigungen kommen.

Die Puppen, die angeboten werden, sind meist mehr oder weniger schlechte Kopien bekannter Typen aus der Kasperlekollektion, Serienanfertigungen, die häufig auch im Material wenig ansprechend sind (Plastik), selten aus Holz oder textilem Stoff.

Puppen und Masken sollten jedoch ebenso einmalig sein, wie es die Kinder sind, die sie führen oder tragen. Nur so ist eine Identifizierung der Kinder mit „ihrer Puppe", „ihrer Maske" bedingungslos möglich.

In Katalogen und Faltblättern von Versandhäusern für Kindergartenbedarf findet sich eine Fülle von halbfertigen Puppenköpfen, die nur noch bemalt und von Masken, die vorgestanzt, nur noch aus der Ummantelung gedrückt und bemalt zu werden brauchen. Es soll hier davon abgeraten werden, denn die Vorgaben legen zu sehr fest. Hinzu kommt, dass sie zu schnellem Arbeiten verführen, sofortige Erfolgserlebnisse versprechen und kaum Auseinandersetzung mit dem Material fordern, der Farbgebung, der Lösung von Problemen, der Aussage, der Persönlichkeitsentwicklung. So kurz ihre Fertigung dauert, so wenig wird mit ihnen gespielt und nach kurzer Zeit landen solche Produkte im Müll.

Der schnelle Konsum, das rasche Erfolgserlebnis (das sich meist nur in den Worten „Ich bin als erster fertig" manifestiert) und die nicht notwendige und daher fehlende Auseinandersetzung mit dem Material lassen auch keine Identifizierung mit der Puppe oder Maske zu und kürzen jedes Spiel ab.

Die folgenden Vorschläge zur Herstellung von Puppen und Masken geben nur einen kleinen Ausschnitt der vielfältigen Möglichkeiten wieder, die in der intensiven Beschäftigung mit diesem Medium enthalten sind. Auch werden lediglich elementare, auch für körperbehinderte Kinder durchführbare Techniken angesprochen. In den Literaturhinweisen wird weiterführendes Material vorgestellt.

3.4.2 Papierkleistertechnik

Material: Zeitungspapier
Haushaltspapier/Packpapier
Kleister
Kleisterschälchen
Luftballons
Festes Band (z. B. dickes Kettband)

Das Zeitungspapier in ca. 10 mal 10 cm große Fetzen zerreißen. Ebenso mit dem Packpapier oder Haushaltspapier verfahren. Den Luftballon aufblasen, verknoten und ein ca. 5 cm langes Band daran befestigen.

Kleister auf den Luftballon auftragen, am besten mit den Händen, weil der Auftrag mit dem Pinsel meist nicht geschlossen ist und trockene Stellen hinterlässt. Das gerissene Zeitungpapier Stück für Stück auflegen und mit Kleister auf dem Ballon glätten. Hierbei darauf achten, dass sich die einzelnen Papierstücke schuppenartig überlappen. Mehrere Lagen Zeitungspapier übereinanderkleben. Abschließend das Pack- oder Haushaltpapier in gleicher Weise über den Ballon kleben.

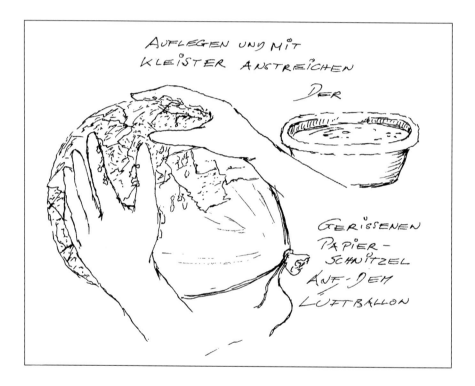

Während des Beklebens die Blasöffnung des Ballons mit dem Band aussparen, um den fertig beklebten Ballon zum Trocknen daran aufhängen zu können.

Das Trocknen dauert je nach Kleisterauftrag und Papierschichten ein bis drei Tage. Nach dem Trocknen den Ballon aus der Papierhülle entfernen. Dazu wird er oben an der Blasöffnung eingeschnitten. Er löst sich dann beim Entweichen der Luft von der Papierhülle ab. Zur weiteren Gestaltung im Folgenden einige Anregungen.

a) Masken

Material: Papierform (siehe oben)
Scheren/Teppichmesser
Kleister/Kleisterschälchen
Leichter Karton
Haushalts-/Packpapier
Leinenband/Hutgummi

Der Ballon wird wie unter „Papierkleistertechnik" beschrieben aus der harten Papierform genommen. Darauf wird mit einem Teppichmesser die Form entsprechend dem jeweiligen Maskentyp zugeschnitten.

Wir unterscheiden hierbei zwischen Vollmasken, Halbmasken, Gesichts- und Kopfmasken. Die Einzelheiten der Maske, wie Nase, Mund, Ohren, Augen etc. werden aus Pappkarton geformt. Die Einzelformen werden auf die entsprechenden Stellen aufgelegt und mit Kleister und Haushaltspapier verklebt. Auf Hilfsmittel sollte möglichst verzichtet werden. Das Glätten und Verkleben mit den Händen ist am einfachsten und exaktesten.

Bei Voll- und Gesichtsmasken Augenschlitze und Nasen ausschneiden, danach erst modellierend die Physiognomie aufbauen (siehe Abbildung Seite 142).

Schmales Leinenband (Wäscheband) eignet sich erfahrungsgemäß besser zur Befestigung der Maske am Kopf, als z. B. Hutgummiband. Zum Bemalen der Maske kann jede wasserlösliche Farbe verwendet werden. Auch das Bekleben mit farbigem Seidenpapier ist zu empfehlen.

b) Puppenköpfe

Material: Zeitungspapier/Holzwolle
Festes Band (Paketband)
Kleister/Kleisterschälchen
Leichter Karton
Klebeband
Rundhölzer (20 bis 25 cm lang)
Flaschen
Haushaltspapier/Makulatur oder ähnliches

Der Puppenkopf wird über einem Kern gearbeitet. Den Kern kann geknülltes Zeitungspapier bilden. Besser aber eignen sich Holzwolle oder Stoffreste. Zeitungspapier oder Holzwolle zu einem Knäuel knüllen und mit einem festen Band so umwickeln, dass sich die Formen nicht mehr verändern können. Die gebundene Form legt so die Kopfform der Puppe fest (s. S. 144).

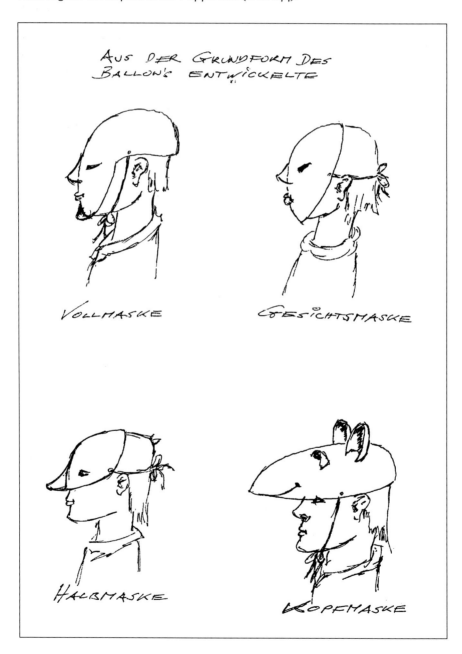

Der Hals wird aus leichtem Karton hergestellt. Hierzu wird er in ca. 3 bis 4 cm breite und etwa 10 cm lange Streifen geschnitten. Die Länge entgegen der Faserrichtung des Kartons schneiden, da er sich sonst nicht sauber rollen lässt. Den Kartonstreifen zu einer Rolle drehen, die im Durchmesser dem Zeigefinger des Kindes entspricht, das die Puppe baut. Diese Hülse sollte bis zum zweiten Fingerknöchel, aber nicht darüber hinweg gehen. Den gerollten Kartonstreifen mit Klebeband zusammenkleben.

Diese Papphülse wird als Hals im Papier- oder Holzwollkern festgeklebt. Hierzu an entsprechender Stelle des Kernes mit einem spitzen Gegenstand (Schere, Messer) ein Loch bohren und so lange vergrößern, dass sich der Hals mit geringem Kraftaufwand 2 bis 3 cm hineinschieben lässt. Die Hülse (Hals) gut im Kern verkleben (s. S. 145).

Damit der Kopf bei der Arbeit festgehalten wird, einen Rundstab (ca. 20 bis 25 cm lang) in eine Flasche stellen und den Kern mit dem Hals auf den Stab stecken. Um zu vermeiden, dass während der nachfolgenden Arbeiten mit Kleister der Hals am Holzstab festklebt, ist es ratsam, das Holz ca. 10 cm vom oberen Ende mit Kunststoffklebeband (z. B. Tesafilm) abzukleben. Dadurch kann das Holz keinen Kleister aufnehmen und der Kopf lässt sich nach Fertigstellung gut vom Holz abziehen. Der so in der Flasche freistehende Kern kann vom Kind gut bearbeitet werden. Zeitungs- und Haushalts- oder Makulaturpapier in kleine Stücke reißen und beiseite legen. Kern und Hals werden satt eingekleistert. Auch hier sollte auf Pinsel verzichtet und mit den Händen gearbeitet werden.

Das Zeitungspapier, sich überlappend auflegen und immer wieder dünn einkleistern. Kern und Hals sorgfältig verbinden. Am unteren Ende des Halses aus einem Zeitungspapierstreifen eine Halskrause ansetzen. Sie dient später als Halt für das Gewand der Puppe. Die Halskrause mit Papierstückchen gut mit dem Hals verbinden. (s. S. 145) Augenbrauen, Augen, Nase, Mund, Ohren, evtl. Kinnpartie aus Zeitungspapier, das sich mit Kleister vollgesogen hat, formen, aufsetzen, mit Papierstückchen verkleben und so mit dem Kopf verbinden.

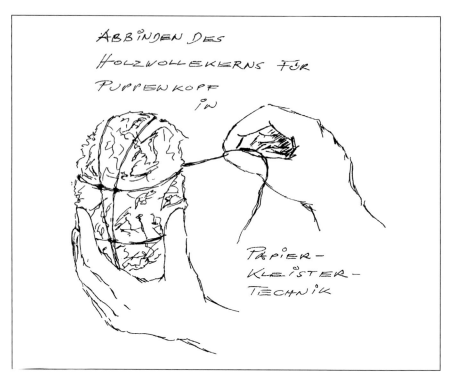

Nach Fertigstellung des Kopfes mit Zeitungspapier nun Haushalts- oder Makulaturpapier darüber kleben und gut anstreifen. Zum späteren Bemalen des Kopfes ist es günstig, einen hellen Malgrund zu haben.

Aber zunächst wird der fertige Kopf in der Flasche zum Trocknen weggestellt. Als Trockenzeit kann mit zwei Tagen gerechnet werden, bis der festgewordene Kopf mit Plaka-, Deck- oder Volltonfarbe bemalt wird.

Eine andere, reizvolle Möglichkeit ist das Aufbringen von feinen Strukturen auf den Puppenkopf. Hierzu feinen, gereinigten und trockenen Sand bereitstellen. Den Puppenkopf mit Holzleim oder Kunstharzbinder mit dem Pinsel bestreichen. Den Sand über den Kopf schütten und durch Schütteln gleichmäßig verteilen. Überschüssigen Sand abschütteln. Nach dem vollständigen Durchtrocknen mit Vollton- oder Plakafarbe bemalen. Zur Herstellung der Puppenkleider siehe unter „Puppenbau".

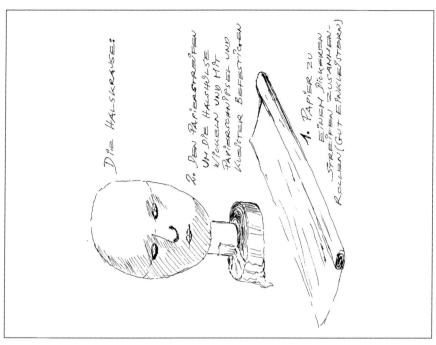
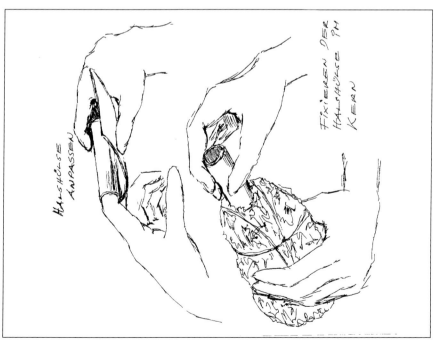

c) Hinweise

Das Papierreißen bereitet körperbehinderten Kindern mit gestörter Greifmotorik häufig Probleme. Sie sind auf Hilfestellung angewiesen. Das Reißbrettchen ist hier eine sinnvolle Ergänzung (siehe unter „Hinweis Transparentpapierbilder").

Das Einkleistern und Bekleben des Luftballons ohne Hilfsmittel ist vor allem für behinderte Kinder von großer Bedeutung. Unmittelbare, haptisch empfundene Materialerfahrung zum einen, Anregung zu großflächigen Bewegungen der Hände und selektiven, differenzierten Bewegungsabläufen der Finger zum anderen, wirken sich spürbar auf die Hand- und gesamtmotorische Entwicklung aus.

Lernprozesse im kognitiven Bereich werden durch die unmittelbare Einbeziehung des gesamten Wahrnehmungsapparates stimuliert und gefördert. Bei spastisch gelähmten Kindern konnte fast immer beobachtet werden, dass der Tonus bei Kontakt mit Kleister niedriger wurde, die Kinder insgesamt gelöster.

Ohne Hilfeleistung seitens der Betreuer, Erzieher oder Lehrer sind allerdings diese Aufgaben kaum zu lösen. So bereitet zum Beispiel das Festhalten und Drehen des Ballons körperbehinderten Kindern Schwierigkeiten, zumal dann, wenn der Ballon eingekleistert ist. Eine Plastikschale, in der der Ballon stehen kann, die ihm Halt bietet und in der er beliebig gewendet werden kann, ist deshalb hilfreich.

Hinweis zum Puppenbau:

Als Hilfsmittel für den Puppenkopfbau wird eine Flasche halb mit Gips gefüllt und der Stab mit dem Kopf in die noch weiche Masse gedrückt. Der tiefliegende Schwerpunkt verleiht dem Puppenkopf besseren Halt. Auch Kindern mit Problemen im Dosieren von Kraft oder mit Zielunsicherheiten fällt es dadurch leichter, an einem Puppenkopf zu arbeiten.

In Einzelfällen sollte der Gipsblock, in welchem der Haltestab eingelassen ist, durchaus 15 bis 20 cm im Durchmesser sein, um eine größtmögliche Standfestigkeit zu gewährleisten. Die gipsgegossenen Standfüße sind für die Puppe gut als Ständer zu gebrauchen.

3.4.3 Papiermaché

Material: Reißwolf-Papierschnitzel
Kleister
Plastikschüsseln

Viele Verwaltungsbüros verfügen über einen Reißwolf, der alte Akten und Papiere zerschnitzelt, zerkleinert. Befindet sich ein solches Gerät nicht in der Schule, dem Heim oder der Tagesstätte, so vielleicht in der Gemeindeverwaltung, im nächsten Krankenhaus oder in einem Betrieb.

Anders als Pappmaché, das ein bis zwei Tage eingeweicht werden muss, kann Papiermaché sofort angerührt und verarbeitet werden. Es genügt eine entsprechende Menge Schnipsel in eine Schüssel mit Kleister zu geben und die Kinder den Kleister unter die Papierteilchen kneten zu lassen.

Je nach Zugabe von Kleister entsteht eine feste bis geschmeidige Masse, die für eine Reihe verschiedener Vorhaben genutzt werden kann. Einige Anregungen hierzu im Folgenden (Papiermaché wird im folgenden mit PaMa abgekürzt).

a) Platten

Material: PaMa
Zeitungspapier

Auf der Arbeitsfläche mehrere Lagen Zeitungspapier ausbreiten. Einen Klumpen gut durchgeknetetes PaMa auf der Unterlage zu einer etwa 2 cm dicken Platte auseinanderdrücken und die Oberfläche mit den Händen glätten. Die Platte in die Form bringen, die gewünscht wird (rund, oval, eckig). Auch dies geschieht ohne Hilfsmittel. Die Umrisslinie mit dem Finger durch leichten Druck vorzeichnen. Dann unter starkem Druck entlang der Umrisslinie die Überstände entfernen (das endgültige Glätten der Ränder erfolgt nach dem Trocknen der Platte).

Die Gestaltung der Platte kann durch das Furchen mit dem Finger oder mit Hilfsmitteln geschehen. Aufsetzen von Formelementen aus PaMa ist möglich, wobei die Berührungspunkte mit Kleister vorbehandelt werden, um eine bessere Haftung zu erzielen.

Das Stempeln ist als Gestaltungstechnik ebenso einzusetzen, wobei auf alle bereits unter „Stempeltechniken" und „Ton" vorgestellten Stempel zurückgegriffen werden kann.

Damit die Platten sich während des Trocknens nicht verwerfen, sollten sie auf Roste gelegt werden. Ist dies nicht möglich, müssen sie mehrmals gewendet werden. Beim ersten Wenden sollte die Platte an der Oberfläche bereits etwas angesteift sein, damit sie nicht reißt. Trocknungszeiten je nach Konsistenz und Stärke: 2 bis 5 Tage.

b) Masken

Material: Holzwolle/Zeitungspapier
PaMa
Plastikklebeband
Feste Unterlage (Reißbrett oder ähnliches)

Masken aus PaMa eignen sich meist nur als Dekorationsmasken, da viel Erfahrung zu dünnwandigem Arbeiten nötig ist. Dekorationsmasken bieten sich zur Gestaltung von Festen, wie z. B. Kindergeburtstagen, Karneval, oder Sommerfesten an. Auch als Wandschmuck sind sie von Wirkung und regen Kinder nicht nur zum Sehen, sondern auch zum Ertasten und Berühren an.

Die Masken werden um einen Kern geformt, der aus Zeitungspapier oder Holzwolle hergestellt wird. Das Kernmaterial wird zu einer Halbkugel geformt und durch Umwickeln mit Band oder Klebestreifen in der Form gehalten. Auf der Unterlage Zeitungspapier ausbreiten und den Kern darauflegen. Mit PaMa-Wurst umgeben, um evtl. Verrutschen zu verhindern.

Nur aufbauend über den Kern arbeiten, ähnlich wie bei Ton. Nase, Augen, Mund und evtl. Ohren werden aufgesetzt, nicht geritzt oder anderweitig vertieft.

Die aufgesetzten Teile besonders an den Rändern gut verstreichen, um Rissen und Verwerfungen während des Trocknens vorzubeugen. Der Trockenvorgang kann je nach Stärke der Wandung und Konsistenz des PaMa bis zu zwei Wochen dauern, rascheres Trocknen wird in stark beheizten Räumen, wie z. B. in Heizungskellern, erreicht.

Treten trotzdem Risse auf oder zeigen sich an der trockenen Maske kleine Löcher, so genügt es, sie mit etwas PaMa nachzubessern. Wenn nötig, können die Masken mit Schleifpapier, Feile oder Raspel nachbehandelt werden.

PaMa hat in trockenem Zustand eine raue Oberfläche, die für die Maske sehr belebend wirkt. Alle wasserlöslichen Farben, auch Lacke, eignen sich zum Bemalen.

c) Puppenköpfe

Material: PaMa
Rundstäbe (20 bis 255 cm lang, 10 bis 20 mm stark)
Flaschen
Klebeband
leichter Karton
Evtl. Kunstharzbinder

Für den Puppenkopf aus PaMa ist kein tragender Kern erforderlich, weil die Masse in trockenem Zustand relativ leicht ist. Bei Stabpuppen kann der Kopf unmittelbar über ein Rundholz gearbeitet werden. Ebenso bei Marionetten. Holz und PaMa verbinden sich gut durch Kleister.

Bei Handpuppen muss wie bei Puppen, die in der Papier-Kleister-Technik entstehen, ein Hals aus leichtem Karton hergestellt werden. Die Halshülse an der Oberseite durch Einknicken verschließen, um ihr auf dem Rundstab Halt zu geben (Bei der Papier-Kleister-Technik verhindert der Kern das Wegrutschen der Hülse).

Die Halshülse auf den Rundstab schieben. Den Rundstab in eine Flasche stellen (siehe unter Papier-Kleister-Technik). Das PaMa um die Hülse herum zu Kopf, Hals, Halskrause aufbauen und die Gesichtszüge herausarbeiten. Um die Bindekraft des PaMa zu erhöhen, kann etwas Kunstharzbinder in die Masse eingeknetet werden.

Die Masse benötigt 5 bis 6 Tage zum Trocknen. Der Trockenprozess kann durch Abstellen der Köpfe in warmen Räumen, z. B. in Heizungskellern, beschleunigt werden. Mit weißer Vorstrichfarbe grundieren und anschließend mit Plaka oder Volltonfarbe bemalen (siehe hierzu unter Puppenbau). Auch ein Bekleben mit farbigen Seidenpapieren ist eine reizvolle Gestaltungsmöglichkeit.

d) Großfiguren

Material: PaMa
Zeitungspapier
Trägergerüst
Material für Trägergerüst: Holzleisten,
Maschendraht, Bindedraht, Nägel
wenn vorhanden: Tacker

Aus PaMa aufgebaute Figuren neigen zum Zusammenfallen, denn sie trocknen nur sehr langsam. Es ist ratsam, große Figuren zu bauen, die auch für die Kinder attraktiv sind. Hierzu ist es nötig, Trägergerüste zu bauen. Je nach körperlichem Vermögen kann das Trägergerüst mit den Kindern zusammen, oder aber vom Erzieher, Betreuer oder Lehrer (möglichst in Anwesenheit der Kinder) angefertigt werden (siehe Abbildung D auf S. 220).

Die Grundform der Figur wird aus Leisten, Dachlatten oder ähnlichem zusammengebaut. Rundungen oder Details, wie Ohren, Nase oder Schwänze bei Tieren, werden aus Maschendraht um das Grundgerüst aufgebaut und mit Bindedraht, Nägeln oder Tacker befestigt. Der Maschendraht dient gleichzeitig als Trägermaterial für das PaMa. Die Masse lässt sich sehr leicht in das Maschengeflecht eindrücken und haftet auch sehr gut an unteren Rundungen, z.B. am Bauch der Körper.

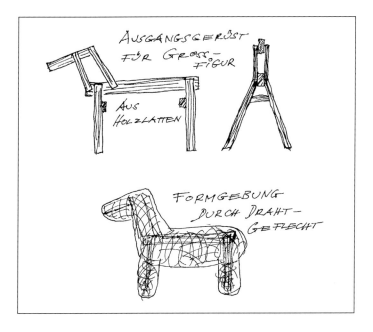

Das fertige Trägergerüst wird so gestaltet, dass alle Kinder daran arbeiten können. Ggf. empfiehlt es sich, das Trägergerüst mit Zeitungspapier und Kleister vorzuarbeiten, bevor das PaMa aufgetragen wird.

Das gut durchgeknetete PaMa in Fladen auf das Gerüst legen und andrücken. Nahtstellen gut verschmieren. Wenn alle Teile der Figur verkleidet sind, mit Kleister die ganze Figur glätten. Soll eine höhere Festigkeit erreicht werden, kann nachträglich die Figur mit Kunstharzbinder oder Holzleim nachbehandelt werden.

Volltonfarbe oder Plaka eignet sich am besten zum Bemalen der Figur. Soll sie wasserfest sein (für den Außenbereich), ist ein abschließender Anstrich mit Holzsiegellack empfehlenswert, wobei auch die meist offenen Standflächen oder -punkte abgedichtet und gut 15 cm hoch (bei Hohlräumen innen) imprägniert werden sollten (z. B. Beine). Solche Figuren zeichnen sich durch Festigkeit und Strapazierfähigkeit aus.

Hinweise siehe bitte unter „Holzmaché".

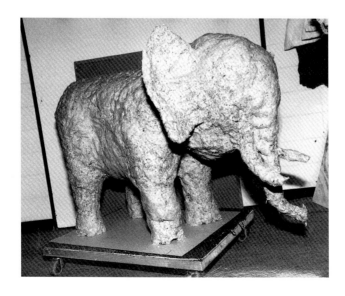

3.4.4 Holzmaché

Material: Holzmehl
Kleister
Schüsseln
Arbeitskittel

Holzmehl ist nicht im Handel erhältlich, es ist Schleiftaub, der in Tischlereien als Abfall anfällt und meist kostenlos abgeholt werden kann. Auch der Schleifstaub aus den Auffangsäcken von Hand-Bandschleifmaschinen eignet sich zur Verarbeitung. Allerdings ist mehr Holzmehl notwendig als die Füllung eines Staubbeutels beinhaltet.

Im wesentlichen zeigt das Material ähnliche Eigenschaften wie PaMa (Papiermaché). Zur Herstellung der Masse genügt es, mehrere Hände voll Holzmehl in eine Schüssel zu geben. Den Kleister zusetzen und mit den Händen in das Holzmehl einkneten. Das Mischungsverhältnis von Kleister und Holzmehl ist etwa 1:1. Solange kneten bis eine geschmeidige Masse entsteht, die nicht an den Händen kleben bleibt. Nach Belieben kann bei zu feuchtem Werkstoff Holzmehl oder zu trockenem Werkstoff Kleister beigemengt werden.

Der Werkstoff legt natürliche Beschränkungen auf, bietet aber gleichzeitig eine große Bandbreite an Einsatzmöglichkeiten. Er will großzügig gehandhabt werden. Pedantische Kleinheit ist nicht gefragt. Alle unter PaMa aufgeführten Techniken sind mit Holzmehl gleichermaßen durchführbar.

Nach dem Trocknen zeichnet sich der Werkstoff bei hoher Festigkeit und Dichte durch sein besonders geringes Gewicht aus, gleichfalls durch unkomplizierte Bearbeitbarkeit mit Säge, Bohrer, Raspel, Feile und Sandpapier.

Die Werkstücke benötigen ungefähr 8 bis 10 Tage zum Trocknen. Der Trockenprozess kann durch Lagerung des Holzmachéstückes im Heizungskeller abgekürzt werden: Die Werkstücke am besten auf Rosten lagern, damit sie gleichmäßig von allen Seiten trocknen. Risse, die beim Trocknen entstehen, lassen sich leicht mit ein wenig Holzmaché wieder schließen und glätten.

Soll das Werkstück wasserabweisend sein, muss es mit entsprechenden Lacken behandelt werden (Ballenmattierung, Holzsiegellack oder auch Wasserglas).

a) Hinweise

PaMa und HoMa bieten sich für behinderte Kinder besonders an. Die beschriebenen Techniken erfordern nur einen geringen Aufwand an Hilfsmitteln. Besonders das Herstellen und Kneten der Massen bietet ein breites haptisches Reizspektrum.

Während bei PaMa die feinen Papierschnitzel in trockenem Zustand spröde sind und auf der Haut jucken können, wandelt sich das Material während des Kleister-Zusetzens zu einer klumpenden, dann aber mehr und mehr geschmeidigen, festen und nicht mehr an der Hand klebenden Masse.

Holzmaché hingegen ist im pulvrigen Zustand auf der Haut trocken und sehr dicht (im Gegensatz zum lockeren, staubähnlichen Tonmehl). Durch Kleisterzusatz wird es klumpig und klebrig und nimmt den Binder nicht so gut an wie PaMa.

Zum Kneten ist der Kraftaufwand gering, weshalb z. B. körperbehinderte Kinder, die evtl. nicht über genügend grobe Kraft verfügen, wie sie z. B. bei Tonarbeiten nötig ist, auch gut mit dem Material zurecht kommen.

Es muss im einzelnen entschieden werden, ob ein Kind zum Beispiel bei der Herstellung von Masken imstande ist, den Kern selbst herzustellen, oder ihm dabei zu helfen ist.

Das Arbeiten mit den beiden Materialien über dem Kern gelingt erfahrungsgemäß fast allen mehrfachbehinderten Kindern, soweit sie in der Lage sind, die Aufgaben und Handlungsabläufe zu verstehen und über ausreichende motorische Fähigkeiten zu kontrollierten Bewegungsabläufen verfügen.

Hilfsmittel zum Bau von Puppenköpfen sind unter „Papier-Kleister-Technik" beschrieben.

3.4.5 Gipsbinden

Gipsbinden werden im Krankenhaus zum Anlegen von Gipsverbänden benutzt. Sie eignen sich aber auch sehr gut für den Werk- und Gestaltungsbereich und werden seit einiger Zeit in Katalogen für Bastel- und Werkmaterial angeboten.

Ihr Vorzug liegt in der einfachen Verarbeitungsweise und im raschen Trocknen und schließlich in der hohen Festigkeit. Sie passen sich nahezu jedem beliebigen Material an und fügen sich jeder Vertiefung oder Erhebung. Daher rührt ihre Beliebtheit bei der Anfertigung von Gesichtsmasken. Das Abnehmen von Gesichtsmasken wird jedoch hier nicht besprochen, da sie für gestalterisches Tätigsein mit körper- und mehrfachbehinderten Kindern keine Ansätze bietet.

Für die Arbeit mit Gipsbinden ist immer ein Trägermaterial erforderlich. Im Folgenden werden mehrere Gestaltungsmöglichkeiten vorgestellt.

a) Großmasken/Stockmasken

Material: Gipsbinden
Maschendraht
Drahtzange
Unterschiedliches Gestaltungsmaterial (Plastikdeckel, Schnüre, Perlen, Knöpfe, Hanf u.v.a.)
Rundholz (Besenstiele)
Wasserschalen
Scheren

Die Großmaske sollte so groß sein, dass das ganze Kind sich dahinter verbergen kann. Form und Ausgestaltung der Maske richten sich nach den Vorstellungen der Kinder. Es können große Tiergestalten oder Fantasiegebilde, Tier- und Menschengesichter entstehen.

Aus Maschendraht eine Grundform biegen, die ungefähr der Größe des Kindes entspricht. Auf der Innenseite aus Rundhölzern einen Tragebügel installieren. Darauf das Drahtgeflecht mit Gipsbinden bekleben. Dazu die Gipsbinden mit der Schere in 20 bis 30 cm lange Streifen schneiden. Mit beiden Händen die Streifen an der Schmalseite hochhalten und in einer mit Wasser halb gefüllten Schüssel ganz untertauchen.

Es ist notwendig, dies beihändig auszuführen, weil sich sonst der Gipsbandstreifen verdreht und verknittert. Ihn dann wieder geradezurichten und zu glätten überfordert Kinder. Daher mit beiden Händen in das Wasser eintauchen, kurz ziehen lassen ohne den Streifen loszulassen und wieder vorsichtig aus dem Wasser nehmen, um zu vermeiden, dass sich das Band dreht. Den nassen Gipsstreifen auf das Drahtgeflecht auflegen. Die folgenden Streifen überlappend hinzufügen, bis das Drahtgeflecht vorne vollständig verkleidet ist.

Auf der Rückseite ist es unnötig, die Figur zu verkleiden. Allerdings sollten die Gipsstreifen am Rand umlaufend etwa 5 bis 10 cm überstehen und nach hinten gelegt werden.

Nach vollständigem Verkleiden des Drahtgeflechts kann nun mit der Ausgestaltung begonnen werden. Als erstes werden die Augenschlitze in entsprechender

Höhe und Größe angezeichnet und mit einem scharfen Messer ausgeschnitten.

Die Gestaltungselemente können dann ebenfalls mit Gipsbinden befestigt werden. Ein Merkmal von Gipsarbeiten ist, dass auf Gipsgründen immer wieder mit Gips, – in diesem Fall mit Gipsbinden –, weitergearbeitet werden kann. Der abgebundene feste Gips verbindet sich mit frisch aufgetragenem, noch feuchtem Gips problemlos.

Der Gipsbindenmantel lässt sich zudem problemlos durchstechen. Zum Beispiel können Perlen oder Knöpfe, die Augen darstellen, mit Faden oder Band an der Rückseite der Maske am Drahtgeflecht festgebunden werden.

Die Stockmaske wird vom Kind an einem Stock über den Kopf gehalten. Das Kind ist unter dem Kleid nicht sichtbar. Geschichten von Riesen und Fabelwesen lassen sich auf diesem Wege in Szene setzen.

Die Stockmaske sollte nur so groß ausfallen, dass sie vom Kind problemlos über dem Kopf gehalten werden kann, wobei auch das Gewicht des Kleiderstoffes berücksichtigt werden muss.

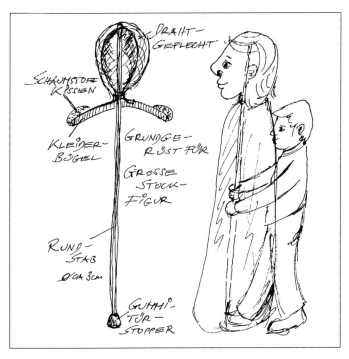

Der Bau der Masken geschieht in gleicher Weise wie bei Großmasken beschrieben. Anstelle der Haltegriffe wird ein längerer Stock – z. B. Besenstiel – eingearbeitet. Das Drahtgeflecht wird an der unteren Seite der Maske nach innen gebogen und um den Stock gelegt. Dann etwa 5 cm um den Stock herum hochgebogen, so dass eine Halskrause entsteht, an der das Kleid befestigt werden kann. Die Krause nicht mit Gipsbinden einkleiden.

Erst nach der Fertigstellung der Maske das Kleid über die Halskrause legen und festnähen. Um den Spielwert und die Variationsmöglichkeiten der Maske zu erhöhen, können an den Kleiderstoff Hände (z. B. mit Watte gefütterte alte Handschuhe) genäht werden. Diese können dann über die unter dem Kleid befestigten Führungsstangen geführt werden, so dass der Figur unterschiedliche Bewegungen möglich sind und sie über ein gewisses Repertoire an Gesten verfügt.

b) Spiellandschaften

Material: Gipsbinden
Wasserschalen
Scheren
Maschendraht
Drahtzange
Hammer und Nägel (ggf. Tacker)
Grundplatte (Sperrholz oder Spanplatte) 70 x 70 cm.

Spiellandschaften geben einen großen Anreiz zum konstruktiven, wie auch zum Rollenspiel. Berge, Täler, Straßen und Städte entstehen Stück für Stück und können immer wieder ergänzt werden. Die Grundplatte wird relativ klein gehalten, um sie platzsparend wegräumen zu können. Es ist eine kleine Fläche auch für Kinder leichter zu bewältigen, als große Platten. Hinzu kommt, dass die Landschaften durch Ineinanderschieben verändert, bzw. ergänzt werden können.

Den Maschendraht mit der Drahtzange auf etwa 70 x 70 cm zuschneiden. Mit einem Nagel, oder mit dem Tacker wird das Drahtgeflecht an einer Seite oder Ecke der Platte befestigt. Das Drahtgeflecht nun so hinbiegen, dass durch Aufbiegen, Drücken und Ziehen allmählich die gewünschte Landschaftsnivellierung entsteht. Wo der Draht die Grundplatte berührt, wird er mit Nägeln oder Tacker befestigt.

Das Ganze mit Gipsbinden in der bereits beschriebenen Weise verkleiden und glätten. Nach dem Abbinden mit Vollton- oder Plakafarbe bemalen.

Mit unterschiedlichen Materialien kann die Gestaltung fortgesetzt werden. Aus kleinen Schachteln entstehen Häuser und Städte, aus Ästen und ähnlichem Bäume und Wälder.

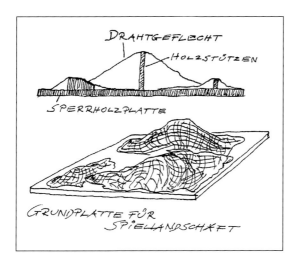

Anstelle des Bemalens ist auch das Bekleben reizvoll. Jutestreifen können zu Feldern, Sand, der auf Kleister haftet, zu Stränden oder Wegen und Straßen werden. Als Klebstoff eignet sich Kunstharzbinder vorzüglich.

c) Skulpturen

Material: Gipsbinden
Wasserschalen
Scheren
Maschendraht
Drahtzange
Hammer und Nägel (ggf. Tacker)
Grundplatten
Sperrholz/Spanplatte (ca. 30 x 30 cm)
Holzleisten, Rundhölzer etc.

Der Aufbau eines Trägergerüstes wurde bereits unter Papiermachéfiguren beschrieben. Das Trägergerüst sollte kleiner ausfallen, möglichst nur so groß, dass jedes Kind seine Skulptur anfertigen und bewältigen kann.

Das Auflegen der Gipsbinden ist oben bereits beschrieben. An Körperstellen, die überhängen (z. B. dem Bauch bei Tieren) sollten längere Streifen verwendet werden, die mit ihren Endstücken in oberen Bereichen befestigt sind, sonst sacken die Binden ab. Es empfiehlt sich ohnehin, von oben nach unten zu arbeiten, um von oben her Verbundmasse für überhängende Partien zu haben.

Zylindrische Teile können mit den Binden umwickelt werden, wobei zunächst die Binden aufgerollt im Wasserbad ziehen und dann unmittelbar von der Rolle auf die Teile abgerollt werden.

Nach dem Abbinden mit Vollton- oder Plakafarben bemalen. Figuren, die Menschen oder Tiere darstellen, können auch mit Fellen, Stoffen, Hanf usw. beklebt oder bekleidet werden. Hierzu wird Kunstharzbinder als Klebemittel empfohlen, der mit dem Pinsel aufgetragen wird. Das Bestreuen mit Sand ist auch möglich und wirkt belebend. Auch hierfür eignet sich Kunstharzbinder.

d) Modellschiffe

Material: Gipsbinden (z. B. Zellona)
Scheren
Wasserschalen halb mit Wasser gefüllt
Ton/Knetmasse
Leichter Karton
Gips in Pulverform

Der Ton (oder wahlweise Knetmasse) dient als Träger- bzw. Kernmaterial. Das Modellschiff wird aus zwei Teilen zusammengesetzt: Dem Schiffsrumpf und dem „Deck" mit Reeling und Aufbauten. Für beide Teile muss aus Ton ein Kern geformt werden, wobei der Schiffsrumpf mit der später offenen Seite nach unten und dem Kiel nach oben, angelegt wird. Die Aufbauten werden so geformt, wie sie nach Fertigstellung auf den Rumpf aufgesetzt werden.

Mit dem Rumpf wird begonnen. Ein länglicher Tonklumpen wird auf einer Kunststoffplatte (Gips verbindet sich nicht mit Kunststoff) durch Andrücken, Streifen, Wegkratzen oder Hinzufügen von Ton zu einem Schiffsrumpf geformt. Die Gipsbinden mit der Schere in ca. 5 cm lange Streifen schneiden. Die Streifen mit beiden Händen einzeln an zwei Ecken in die Wasserbehälter eintauchen und kurz eingetaucht lassen. Herausnehmen und auf den Tonkern auflegen und glattstreichen. Mehrere Lagen Gipsbinden einander überlappend über den Kern legen und glätten. Nach Fertigstellung eine Stunde zum Abbinden wegstellen.

Für die Aufbauten und das Deck wird ein 1 cm breiter Kartonstreifen geschnitten, der um den Schiffsrumpf gelegt wird. Mehrere schmale Streifen Gipsbinden darüber legen und glattstreichen. Der Kartonstreifen dient als Schablone für die

Aufbauten und gibt die Umrissformen wieder. So ist es denn möglich passgenau weiter zu arbeiten.

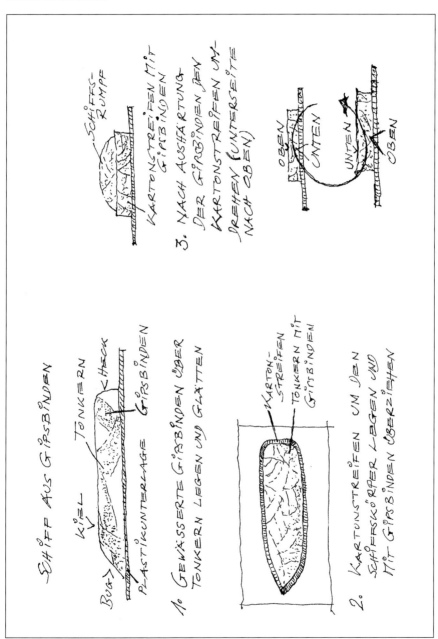

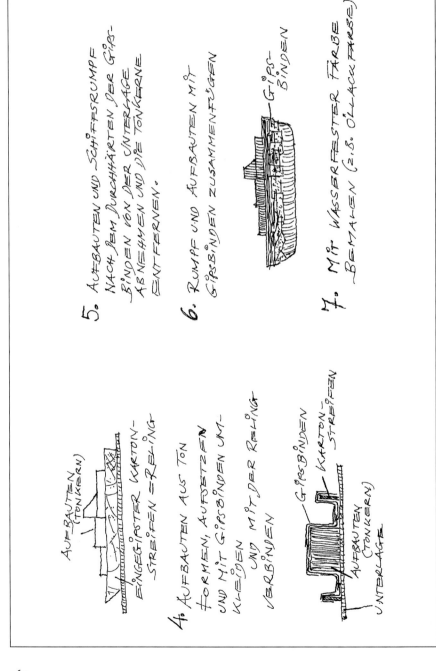

4. AUFBAUTEN AUS TON FORMEN, AUFSETZEN UND MIT GIPSBINDEN UMKLEIDEN UND MIT DER RELING VERBINDEN

5. AUFBAUTEN UND SCHIFFSRUMPF NACH DEM DURCHHÄRTEN DER GIPSBINDEN VON DER UNTERLAGE ABNEHMEN UND DIE TONKERNE ENTFERNEN.

6. RUMPF UND AUFBAUTEN MIT GIPSBINDEN ZUSAMMENFÜGEN

7. MIT WASSERFESTER FARBE BEMALEN (Z.B. ÖLLACKFARBE)

Kurz abbinden lassen und vorsichtig abheben. Die Schablone nun so hinlegen, dass die Seite, die auf dem Kunststoff auflag, nach oben weist und die bei der Anfertigung obere Seite nach unten. So werden eventuelle Asymmetrien im Umriss des Schiffsrumpfes auf die Aufbauten übertragen und gewährleistet, dass die Aufbauten passgenau auf den Schiffsrumpf aufgesetzt werden können. Die Kunststoffunterlage dient innerhalb der Schablone als Trägermaterial. Lediglich die Aufbauten selbst (z. B. Führerhaus, Saloon, Schornstein) werden aus Ton geformt und an die entsprechenden Stellen gesetzt.

Die Schablone, die innenliegende Kunststoffunterlage und die Aufbauten in der beschriebenen Weise mit Gipsbinden verkleiden und wieder abbinden lassen.

Nach dem Abbinden den Ton aus dem Schiffsrumpf entfernen. Den Rumpf etwa 1 cm mit Gips ausgießen. Dadurch bekommt das Schiff einen tieferen Schwerpunkt und schwimmt besser im Wasser.

Die Aufbauten ebenfalls von Ton reinigen. Rumpf und Aufbauten zusammensetzen und mit Gipsbinden verbinden und glätten. Nach dem Abbinden das Schiff mit Öllack- oder Kunstharzlackfarben bemalen. Dadurch wird es wasserfest und schwimmfähig. Darauf achten, dass der Lack lückenlos aufgetragen wird, da Gips stark Wasser zieht und dadurch brüchig wird.

e) Hinweise

Die hier beschriebenen Materialien sind von faszinierendem Aufforderungscharakter und sind auch bei körperbehinderten Kindern gut einzusetzen. Durch die Kombination: Träger, Kern und Aufbaumaterial (z. B. Ton oder Drahtgeflecht als Kernmaterial) ist eine Fülle von Materialerfahrungs- und Gestaltungsmöglichkeiten vorhanden.

Das gleiche gilt von der Ausgestaltung der Werkstücke, wenn nicht nur Farbe zur Oberflächengestaltung verwendet wird, sondern auch Felle, Leder, Stoffe, Hanf und anderes Material.

Als Hilfsmittel bewähren sich Einhänderschiebeschere und Papier-Rollschnitt-Maschine (beschrieben unter Hinweis: Transparent-Folien-Bilder). Hilfestellung ist bei handmotorisch beeinträchtigten Kindern beim Eintauchen der Gipsbindenstreifen in das Wasser und dem Entnehmen und Auflegen nötig.

Großmasken sind für Kinder im Rollstuhl eine besonders reizvolle Aufgabe. Um den Kindern größtmögliche Bewegungsfreiheit mit dem Rollstuhl zu ermöglichen, sollte die Großmaske so konstruiert sein, dass sie, auf den Oberschenkeln des Kindes aufliegend und an den Armlehnen befestigt, beide Hände zum Bedienen des Rollstuhls frei lässt.

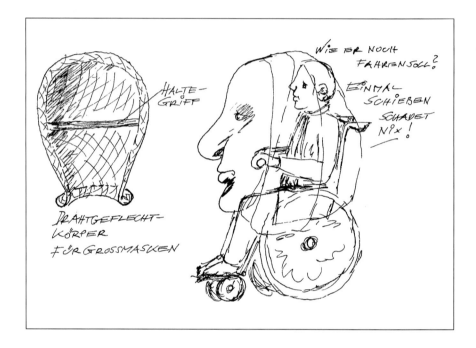

Die Anfertigung der Großmasken wird Rollstuhlkindern leichter fallen, wenn dies auf ihrem Schoß geschieht. Der Trägerkörper ruht auf ihren Oberschenkeln und lehnt an einem Tisch, um Halt zu haben. Der Schoß des Kindes ist mit einer Wachstuchschürze abgedeckt, um dem Kind freies Arbeiten ohne Angst vor bekleckerten Kleidern zu ermöglichen. Neben dem Kind steht ein gut erreichbarer, niedriger Tisch mit der Wasserschale und den zuvor zugeschnittenen Gipsbindenstreifen.

Bei hemiplegischen Kindern und auch bei allen anderen (z. B. Linkshändern) steht der Tisch auf der Seite des Kindes, die es besser erreichen kann. Stockmasken lassen sich mit wenigen Handgriffen auch gut am Rollstuhl befestigen, ohne die Bewegungsfreiheit der Kinder dadurch zu behindern. Kinder, die gehbehindert sind, bekommen so lange Stangen an ihre Stockmasken, dass sie diese als Stütze auf den Boden aufsetzen können.

Bedacht werden muss hierbei unter Umständen die eingeschränkte visuelle Wahrnehmung bei manchen Kindern, zumal wenn das Kleid der Stockmaske sie verhüllen soll. Große Sichtschlitze oder aber ein nach vorne ganz geöffnetes Kleid sind hier unter Umständen angebracht.

Die Herstellung von Trägerkernen für Spiellandschaften, Skulpturen oder Boote wird körperbehinderten Kindern nicht immer selbständig möglich sein. Besonders Kindern mit Problemen der visuellen Wahrnehmung sind häufig nicht in der Lage, ohne Hilfe dreidimensionale Formen herzustellen, auch wenn sie motorisch nicht beeinträchtigt sind. Hier ist differenzierte und einfühlsame Hilfestellung vonnöten. Diese Kinder werden durch solche Aufgaben vor große Probleme gestellt. Gleichzeitig aber sind solche Aufgaben eine sinnvolle und wesentliche Ergänzung zur Therapie der Wahrnehmungsfähigkeit.

3.5 Gipsdruck

Material: Ton/Knetmasse
Gipsschalen
Gips (Modelliergips)
Rührstäbe
Teigrolle
Stabile Unterlage (Bretter oder Schneidebrettchen)
Verschiedenes Material zum Eindrücken und Ritzen
(Holzdübel, Nägel, Schrauben, Schraubverschlüsse,
Vierkant-, Rundhölzer, Leisten)

Aus Knetmasse oder Ton wird eine Platte geformt. Sie sollte auf einer Unterlage liegen, mit der sie nach dem Gießen zum Trocknen weggestellt werden kann. Mit verschiedenen Gegenständen die Platte im Sinne von Strukturen stempeln oder ritzen. Vertiefungen sollten nicht zu tief geraten, damit die Platte nicht durchstoßen wird, da, wenn sie mit Gips ausgegossen wird, an solchen Stellen Gips austreten kann. Die gestaltete Platte, die als Negativ der endgültigen Gipsdruckplatte zu denken ist, wird mit einem etwa 1,5 cm bis 2 cm hohen Rand umgeben, der gut mit der Platte verstrichen werden muss.

Die Gipsschale zu einem Drittel mit Wasser füllen. Den Gips langsam hineinschütten und absinken lassen. Soviel Gips in das Wasser geben, dass ein Gipskegel 2 bis 3 cm über die Wasseroberfläche hinausragt. Der Gips muss untergehen (absaufen), d.h. es darf erst gerührt werden, wenn der ganze Gips abgesackt und vom Wasser durchdrungen ist. Bei zu frühem Rühren entstehen Klumpen, die aus nicht abgebundenem, trockenem Gips bestehen.

Die Masse dann kurz, aber kräftig durchrühren. Nicht zu lange rühren, da der Gips sonst nicht abbindet (totrühren). Den fertigen Gips in die Platte gießen und sich absetzen lassen. Darauf die Unterlage an einer Stelle ein wenig anheben und auf den Tisch fallen lassen. Dieses mehrmals wiederholen. Auf diese Weise werden Lufteinschlüsse an die Gipsoberfläche getrieben, wo sie austreten können. Kleine und größere, kraterförmige zerplatzende Blasen zeigen diesen Vorgang für die Kinder sichtbar an.

Die Platte mit der Unterlage wegstellen. Nach zwei Stunden hat der Gips abgebunden und kann aus der Negativplatte gelöst werden. Das Positiv kann weiß belassen oder mit jeder wasserlöslichen Farbe bemalt werden.

Auch größere Platten (z. B. 20 mal 30 cm oder 30 mal 40 cm) lassen sich auf diese Weise gestalten und herstellen. Dazu ist jedoch ein entsprechend großer Holzrahmen nötig, der auf einer Holz- oder Hartfaserplatte befestigt und ca. 5 bis 7 cm hoch sein sollte. In diesen Holzrahmen Ton oder Knetmasse drücken. Ton, zumal preiswerter Blumentopfton, eignet sich da am besten. Mit einem Spachtel oder Rakel glätten. Nun in der beschriebenen Weise vorgehen.

Sowohl der Ton, als auch die Knetmasse kann nach dem Ablösen des Gipsblockes wieder weiterverwendet werden; Ton jedoch nur für diese Technik und nicht mehr zum Töpfern. Er ist mit Gips verunreinigt und dadurch zu keramischer Arbeit unbrauchbar.

a) Hinweise

Die Technik setzt ein Mindestmaß an zielgerechten Bewegungsmöglichkeiten und -abläufen voraus. Auch das richtige Dosieren von Kraft ist wichtig.

Für hemiplegische Kinder sehr gut anwendbar.

Bei Kindern, die Schwierigkeiten im Erkennen von Handlungsabläufen haben, auch bei manchen geistigbehinderten Kindern ist es sinnvoll, ein Negativmodell und den dazugehörigen, fertigen Gipsdruck als Demonstrationsstück bereitzuhalten. Es kann sonst leicht zu Enttäuschungen und Traurigkeit kommen, wenn ein Kind den Eindruck gewinnt, dass sein mühevoll gestaltetes Werk, die Negativform, durch eine weiße Masse verdeckt und so zerstört wird! Die Einhänder-Teigrolle kann auch bei dieser Technik gute Dienste leisten.

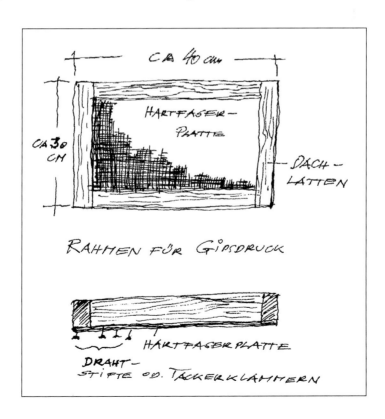

3.6 Steinmosaik

Material: Größere Mengen Kieselsteine (ca. 1 bis 3 cm im Durchmesser)
Gips/Zement- und Quarzsand
Kasten-Guss-Form (z. B. ca. 20 mal 30 mal 5 cm,
oder anderes Format)
Wasser-Rührschälchen (zum Anrühren von Gips oder Zement)
Rührstäbe

Ähnlich wie die Kachel, kann auch das Mosaik als gestalterisches Element im Innenraum Verwendung finden. Als Trägermaterial kann für die im Folgenden beschriebene einfache Mosaiktechnik Gips oder Zement verwendet werden, wobei Zement sich farblich besser integriert und zudem haltbarer ist.

Für beide Materialien sind Gießformen notwendig, die sich leicht aus einer Hartfaserplatte und Holzleisten herstellen lassen. Die Platte sollte ca. 20 mal 30 cm groß sein, die Holzleisten etwa 1,5 cm bis 2 cm stark und 4 bis 5 cm hoch, bei entsprechenden Längen.

Der Zement wird trocken mit Sand vermengt. Bei grobem, gewaschenen Sand genügt ein Teil Zement auf zwei Teile Sand. Bei feinerem Quarzsand ist das Mischungsverhältnis 1:1. Die Mischung mit Wasser versetzen und zu einer dickbreiigen Masse vermengen.

Diese Masse in die Gießform gießen, verteilen und glatt schlagen. Hierzu die Gießform etwas über den Tischrand schieben. Die Gießform am überstehenden Rand leicht anheben und fallen lassen. Der Zement verteilt sich hierbei gleichmäßig und eventuelle Lufteinschlüsse werden an die Oberfläche getrieben. Gleichzeitig wird hierbei aber auch das Wasser nach oben verteilt und es kann passieren, dass etwas Wasser auf der Zementschicht steht. Das Wasser braucht nicht abgegossen werden, da dies für den Abbindevorgang ohne Belang ist.

Die Steine in der gewünschten Weise in den Zement etwa zur Hälfte eindrücken. Die formale Gestaltung kann durch die Farbe der Mosaiksteine differenziert werden. Dazu die Kieselsteine nach Farbe sortieren. Von ocker, braun, rot, bis zu violett oder grün kann die Farbpalette reichen.

Wenn die differenzierte Palette der Steinfarben nicht ausreicht, bietet sich eine andere Möglichkeit des Einfärbens der Steine an: z. B. mit Vollton- oder Öllackfarbe (Sprühdose), wobei Öllack haltbarer ist.

Die Steine in einen größeren, auf die Seitenfläche gestellten Karton legen und mit der Farbe einsprühen. Nach dem Trocknen der Farbe die Steine wenden und die noch nicht eingefärbte Seite einsprühen. Der Karton ist deshalb notwendig, damit nicht ungewollt Gegenstände oder Möbel verschmutzt werden. Der Sprühnebel ist so fein, dass auch bei vermeintlich genauem Sprühen sich ein feiner Farbfilm auf die Gegenstände in der Umgebung legt, der nur schwer zu entfernen ist.

Variation:

Anstelle von Steinen werden Knöpfe, Flaschenverschlüsse, Korken usw. genommen und zu Mosaiken zusammengestellt.

a) Hinweise

Die Motivwahl fällt manchen Kindern schwer. Hier kann indirekt auf einfache, von den Kindern leistbare Aufgaben hingeführt werden, indem zu elementaren Gestaltungsformen wie Blüten, Vögeln oder Fischen geraten wird.

Kinder mit Problemen der Handmotorik oder dem zielgerichteten Greifen, bedingt durch Ataxien, Intensionstremor oder den Mangel an Augen-Hand-Koordination, benötigen direkte Hilfen, bis hin zu Handführung. Kinder mit Schwierigkeiten der Kraftdosierung bedürfen ebenso gezielter Hilfestellung. Hilfsmittel sind jedoch nicht erforderlich. Geachtet sollte nur darauf werden, dass die Kinder, besonders Rollstuhlfahrer, ungehindert die Gießform überblicken können, diese also bei Rollstuhlfahrern entsprechend tief steht; sonst die Kinder stehend arbeiten lassen.

3.7 Styropor

Styropor ist ein Kunststoff-Schaum-Material, das als Dämm- und Wärmeisolierungsmaterial im Baugewerbe eine Rolle spielt. Im Baustoffhandel wird es in Platten von 50 mal 100 cm bei unterschiedlichen Stärken, die zwischen 3 und 50 cm liegen, angeboten. Für die Arbeit mit Kindern empfiehlt sich eine Plattenstärke von 5 bis 10 cm. Darunter neigen sie zum Brechen. Das Material ist leicht und spröde. Es ist sehr preiswert. Zu Gestaltungszwecken ist es vielseitig verwendbar.

Styropor lässt sich nur mit dem Styroporschneidegerät sauber und leicht bearbeiten. Es ist ein poröses Material, das bei unsachgemäßer Handhabung, z. B. beim Sägen und Schneiden mit dem Messer, durch seine Elastizität Widerstand leistet, bricht oder ausfranst. Styroporschneidegeräte gibt es in verschiedenen Ausführungen. Die Handschneidegeräte scheiden für den pädagogischen Bereich aus, da sie sehr unhandlich sind und sicheres und erfolgreiches Arbeiten kaum erlauben. Die Tischschneidegeräte gibt es als Hobby- und Profi-Geräte, wobei die preiswerteren Hobbygeräte meist den Ansprüchen der Arbeit mit Kindern genügen. Der Bügel der Schneidemaschine ist schwenkbar, so dass sowohl gerade, als auch schräge Schnitte möglich sind. Genaues Schneiden bereitet Ungeübten Schwierigkeiten, da der Schneidevorgang rasch vor sich geht und bei zu langsamem Arbeiten Löcher ausgeschmolzen und die Schnittflächen dadurch unsauber werden.

Deshalb sollten Kindern zuerst Reststücke zum Probieren und Experimentieren zur Verfügung gestellt werden, bevor an eine gestalterische Arbeit herangegangen wird. Sie müssen zuerst Erfahrungen mit dem Material machen, und dazu gehört auch das Zerbrechen, Sägen und Schneiden von Styropor mit dem Messer.

Styropor kann nur mit speziellem Klebstoff geklebt werden. Handelsübliche Klebstoffe enthalten meist Substanzen (Lösungsmittel), die das Material zerfressen (Nitroverbindungen). Klebstoffe auf Kunstharz- oder Glukosebasis (z. B. Holzleim, Kunstharzbinder oder Kleister) gehen mit Styropor keine oder nur eine ungenügende Verbindung ein. Um also zu zufriedenstellenden Ergebnissen zu kommen, wird am besten Styroporkleber verwendet.

a) Styroporrelief

Material: Styroporschneidegerät
Styroporplatten, 5 bis 10 cm stark
Starker Karton/Farbkarton
Styroporkleber
Evt. Volltonfarbe

Die Styroporplatten in handliche, für die Kinder gut zu bewältigende Größen zerteilen, z. B. 30 mal 40 cm. Diese Platten von den Kindern willkürlich an der Styroporsäge zersägen und auf farbigen Karton aufkleben lassen. Das Sägen und Aufkleben kann als Steigerung nun variiert werden.

1. Willkürlich Ausschneiden, in der ursprünglichen Grundform aufkleben, wobei die Schnittstellen auseinandergezogen werden und den Blick auf den darunter liegenden Farbkarton freigeben (auf Abstand geklebtes Puzzle).

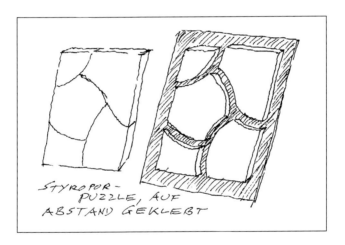

2. In einer Richtung laufendes, wellenförmiges Schneiden und Aufkleben mit Abstand in der Schnittreihenfolge, wobei die Dicke der Streifen und die Breite der Abstände differenziert werden können. (Abbildung auf Seite 172 oben)

3. Wellenförmiges Schneiden mit tiefen Buchten und Rundungen, Trennen und gegengleiches Aufkleben, wodurch eine geschnittene Figur einmal aus Styropor und gegengleich als Farbfläche erscheint. (Abbildung auf Seite 172 unten)

4. Wie oben beschrieben flächiges Ausschneiden, anschließend einzeln ausgeschnittene Teile in der Höhe noch einmal ausschneiden, wodurch die Oberfläche strukturiert und aufgelockert wird. Aufkleben mit oder ohne Abstand.

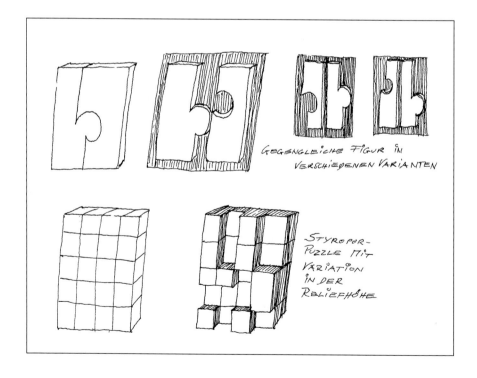

b) Styropordruck

Material: Styroporplatten (10 cm dick)
Styroporsäge
Klebstoff mit Nitroverbindung – also das Material anfressend
Farbwalzen
Linoldruckfarbe

Styropor eignet sich in gewissem Rahmen als „Druckstock" und es lassen sich relativ leicht Figuren, Ornamente und Strukturen in das Material einarbeiten. Auch Druckstempel (z. B. für die Stempeltechnik) lassen sich auf einfache Weise in verschiedensten Formen aus Styropor aussägen. Hierzu eignen sich dickere Platten (10 cm stark) besser, da sie handlicher sind als dünnes Material. Zwei Möglichkeiten des Styropordruckes seien hier vorgestellt:

1. Styroporplatten in der Größe von ca. 30 mal 40 schneiden. Ornamente, Figuren oder Strukturen aufmalen.

   Hierbei muss beachtet werden, dass möglichst ohne Überschneidungen gearbeitet wird, um die Platte nicht auseinanderzusägen. Zuweilen sollten auch Doppellinien gezeichnet werden, da für jede Linie zwei Schnitte nötig sind, um deutliche Formen herauszuarbeiten, ähnlich dem Scherenschnitt.

   Wo der Schneidedraht in das Material eingeführt wird, muss er auch austreten damit unerwünschte Lücken am Rand des Styroporblockes vermieden werden. Zur Stabilisierung kann der Druckstock auch auf eine Pappe aufgeklebt werden.

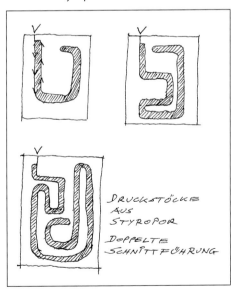

   Die fertige ausgeschnittene Platte mit Farbwalze und Linoldruckfarbe einfärben, Papier darüber legen und mit der Hand fest anstreifen, wobei das Papier nicht verrutschen darf. Das Blatt abziehen und den Druckstock neu einfärben.

2. Styroporplatten in Größen um 30 mal 40 cm werden willkürlich mit Klebstoff beträufelt. Der Klebstoff frisst sich in das Material ein und hinterlässt

deutliche Vertiefungen, Rillen und Löcher. Mit der Farbwalze den so entstandenen Druckstock einfärben und wie oben beschrieben Drucke herstellen.

c) Hinweise

Der einfachen Verarbeitungsmöglichkeiten wegen lässt sich der Werkstoff sehr gut für mehrfachbehinderte Kinder einsetzen. Genaues Schneiden mit der Styroporsäge fällt manchen Kindern zwar noch schwer, weil beharrlicher Druck bei gleichzeitigem gezielten Durchschieben erforderlich ist. Pappschablonen, die, wenn möglich, auch von den Kindern selbst angefertigt werden, leisten hier gute Dienste. Sie werden in der gewünschten Form und Größe zugeschnitten, auf die Styroporplatte gelegt und mit Stecknadeln an mehreren Stellen fixiert. Der Schneidedraht wird entlang des Schablonenrandes geführt. Die Schablone gibt dem Kind Sicherheit, es braucht nur noch den nötigen Druck auszuüben, während die Schablone den Weg des Schnittes angibt.

Styropordrucke mit Nitroklebstoffen sind auch für Kinder zu bewältigen, die mit Schneidedraht überfordert sind.

3.8 Weben

Textiles Gestalten ist, – wie bereits im Kapitel „Puppenbau" angedeutet –, im Elementarbereich nur von untergeordneter Bedeutung. Textile Werkstoffe setzen durch ihre Festigkeit besonders Kindern mit Behinderungen erhebliche Widerstand entgegen. Auch das Zusammenfügen von Stoffen durch Nähte übersteigt hier die kindlichen Fähigkeiten.

Ähnliches gilt für das Weben am Webrahmen. Ausdauer, Konzentrationsvermögen und Geduld gehören dazu, auch nur auf einem kleinen Tischwebrahmen zu Ergebnissen zu gelangen. Gleichwohl ist die Technik des Webens zur Materialerfahrung von großer Bedeutung. Alle Stoffe, die uns begegnen, sind in ihrem Aufbau gewebte Stoffe aus Schuss- und Kettfäden. Um dies auch Kindern verständlich zu machen, sind im Folgenden Webtechniken beschrieben, die auch für Kinder zu bewältigen sind.

a) Bildwebrahmen

Material: Leisten mit quadratischem Querschnitt (Weichholz)
30 bis 40 cm lang, etwa 2 cm stark
Paketschnur
Nägel
Hammer
Fuchsschwanz (Gehrungssäge)
Holzleim
Dicke Wolle oder schmale farbige Stoffbänder, Makrameegarn

Aus den Leisten wird ein Rahmen gebaut, der etwa 30 mal 40 cm groß sein kann (siehe Zeichnung). Den fertig verleimten Rahmen auf den gegenüberliegenden Seiten (hoch- oder breitformatig) mit Nägeln für die Kettfäden versehen.

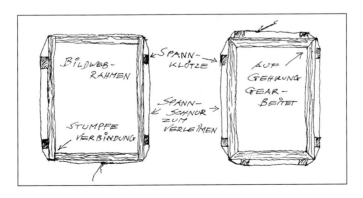

Die Nägel werden in zwei versetzten Reihen pro Leiste eingeschlagen. Hierzu auf den Leisten je zwei Striche ziehen, die etwa 5 mm auseinanderliegen sollten. Die gewünschte Anzahl und die Stärke der Kettfäden sind bestimmend für die Anzahl der Nägel und deren Abstand zueinander.

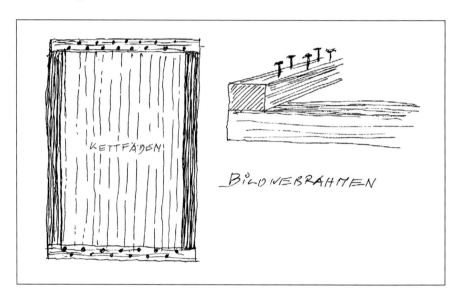

Die Nägel im vorgegebenen Abstand im Wechsel, einen oben, den anderen unten, entlang der zwei Linien etwas schräg nach außen einschlagen. Das schräge Einschlagen der Nägel ermöglicht eine höhere Spannung der Kettfäden.

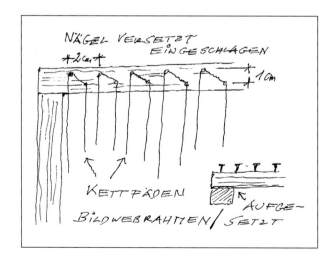

Der Kettfaden wird am ersten Nagel verknotet und dann immer über zwei Nägel pro Leiste (einen unteren und einen oberen) geführt. Am letzten Nagel den Kettfaden wieder auf Spannung verknoten (Webleinenstek oder Weberknoten).

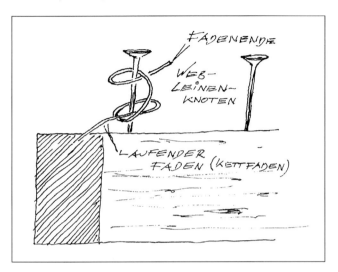

Dicke Wolle oder farbige Stoffe eignen sich für Kinder besser zum Weben als dünne Woll- oder Baumwollfäden. Als Gestaltungsmittel können auch Perlen oder Knöpfe eingefügt werden. Anfang und Ende der Schussfäden werden mit einem Weberknoten am Kettfaden verknotet.

Wird innerhalb der Kettfäden der Schussfaden gewechselt, so sollte das Ende und der Anfang des folgenden Schussfadens am selben Kettfaden befestigt werden, um zu verhindern, dass an diesen Stellen Löcher auftreten.

Den Schussfaden nur so stark spannen, dass er die Kettfäden nicht zusammenzieht. Bei zu hoher Spannung wirken die Ränder des Webstückes „eingezogen", weil zu hoher Zug auf die äußeren Kettfäden besteht.

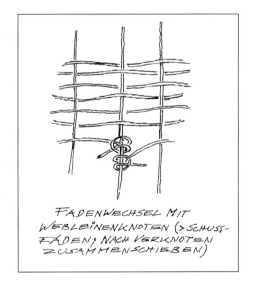

Für das Führen des Schussfadens gibt es mehrere Möglichkeiten. Eine große, möglichst stumpfe Nadel mit entsprechend großer Öse lässt sich gut verwenden. Ebenso ein flaches, etwa 15 cm langes Holzstück (auch fester Karton), das an den Enden leicht eingebuchtet ist, als Schiffchen. Auf das Schiffchen wird der Schussfaden aufgewickelt und durch die Kettfäden geführt, wobei der Faden nach und nach abgewickelt wird.

Das Webstück kann nach Fertigstellung auf dem Rahmen bleiben und so im Zimmer aufgehängt werden.

Variation:

Eine andere Möglichkeit, kleine Webrahmen herzustellen, bietet starker, aber biegsamer Karton. Er wird auf rechteckiges Format geschnitten, wobei die Längsachse auch die biegsame Seite des Kartons sein sollte (Biegeprobe: Der Karton hat eine Laufrichtung, in die er sich gut biegen lässt und eine Richtung, in der er Knicke bekommt. Behutsames Biegen des Kartons genügt meist, um die Laufrichtung herauszufinden). Der Karton wird an beiden Enden über die ganze Breite gezackt. Eine Stoffzackenschere kann die Arbeit vereinfachen. Den Karton zu einem Halbzylinder biegen und an der Seite mit Klebstreifen in dieser Stellung fixieren.

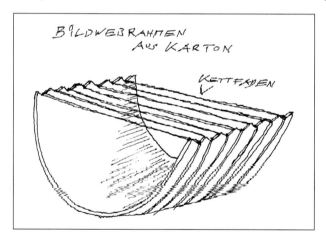

Über diesen Halbzylinder werden nun die Kettfäden locker gewickelt. Die Abstände der Kettfäden können dadurch variiert werden, dass eine oder mehrere Zacken übersprungen werden.

Es empfiehlt sich, das Webstück nach Fertigstellung vom Rahmen abzunehmen. Nach dem Weben die Kettfäden auf der Rückseite des Kartons durchtrennen und miteinander verknoten.

b) Stäbchenwebvorrichtung

Material: Stäbchenwebrahmen
Kettband
Dicke Wolle, farbige Stoffbänder, Makrameegarn

Die Stäbchenwebvorrichtung gibt es fertig zu kaufen. Sie besteht aus einer Leiste, die mit Lochbohrungen versehen ist, in denen Rundstäbe stecken. Diese Stäbe sind an der Unterseite, knapp über der Holzleiste (auch Plastik), mit einem Loch versehen, durch das je ein Kettfaden geführt ist.

Wer sich die Investition sparen will, kann sich die Vorrichtung leicht aus einfachem und preiswertem Material selbst herstellen. Dies bietet auch den Vorteil, dass die Webvorrichtung den jeweiligen Erfordernissen entsprechend angefertigt werden kann. Nötig ist eine Holzleiste in ungefährem Maß von 50 bis 70 cm Länge, 5 bis 7 cm Breite und 2,5 bis 3 cm Höhe. Des Weiteren werden, je nach Größe der Webvorrichtung, 20 bis 30 Buchenrundstäbe in den Maßen 15 cm Länge und 10 mm Durchmesser benötigt.

In die Holzleiste werden in einem Abstand von 1,5 cm 10 mm große Löcher gebohrt. Die Bohrungen sollten gut 1 cm tief sein. Die Rundstäbe werden an dem Ende, das in das Loch gesteckt wird, auf 1,5 cm Höhe mit einem 4 mm großen Loch versehen. Das obere Ende der Rundstäbe sollte leicht konisch sein. Ein Bleistiftspitzer eignet sich zum Spitzen.

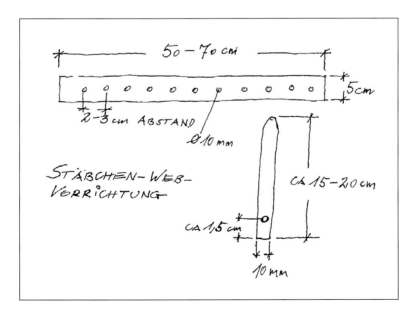

Die Holzleiste an der Tischplatte mit Schraubzwingen befestigen. Die Stäbe in die Lochbohrungen stecken. Die Kettfäden durch die Löcher der Stäbe ziehen. Die Länge der Kettfäden richtet sich nach der Länge der beabsichtigten Webarbeit. Da sie einzeln durch das Loch gezogen werden, muss jeder Kettfaden doppelt so lang wie das Webstück sein. Die Enden der Kettfäden werden gebündelt und miteinander verknotet.

Der Schussfaden wird am ersten Stäbchen mit einem Weberknoten befestigt (Den Anfangsfaden nicht zu kurz bemessen, da der Knoten später am Kettfaden noch festgezogen werden muss). Der Faden wird nun im Wechsel vor und hinter die Stäbchen geführt, am letzten Stäbchen als Schlaufe gelegt und wieder zum ersten Stäbchen zurückgeführt. Auf diesem Wege werden mehrere Webgänge auf den Stäbchen ausgeführt.

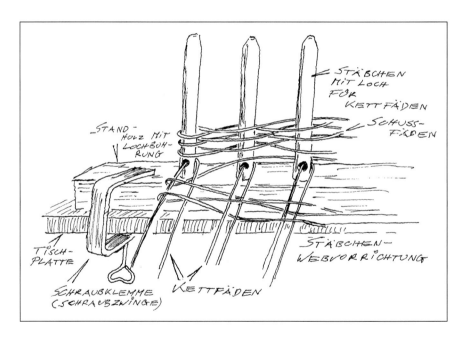

Sind die Stäbchen zu zwei Dritteln eingewebt, wird jedes Stäbchen einzeln aus der Holzleiste gezogen und die Schussfäden auf die Kettfäden geschoben. Das Stäbchen wird leer wieder in das Loch der Leiste gesteckt. Sind alle Schussfäden auf den Kettfäden, kann mit dem Webvorgang fortgefahren werden.

Nach Beendigung des Webvorganges und einem letzten Aufschieben der Schussfäden auf die Kettfäden wird der Knoten am Ende der Kettfäden gelöst.

Die einzelnen Kettfäden werden nun miteinander verknotet. Da sie doppelt liegen, werden die ersten beiden Fäden mit einem der beiden folgenden verknotet. Der zweite Kettfaden wird mit einem der beiden nächsten Kettfäden verbunden, und so fort.

Nach Abschluss dieser Tätigkeit die Kettfäden an den Stäbchen durchtrennen und in der beschriebenen Weise verknoten.

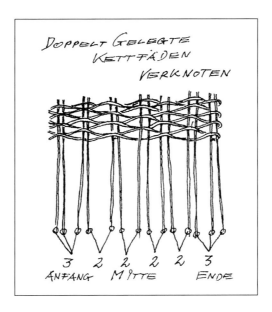

c) Hinweise

Kinder mit Ausfällen im visuellen Wahrnehmungsbereich (Figur-Grund- Wahrnehmung), haben besondere Schwierigkeiten beim Weben. Nicht selten sind sie kaum in der Lage, zu sehen, ob ein Schussfaden vor oder hinter einem Kettfaden liegt, oder sie nehmen die Kettfäden überhaupt nicht wahr.

Der Stäbchenwebrahmen bietet hier manchmal die Möglichkeit, diesem Problem zu begegnen, besonders dann, wenn die Stäbchen farbig gekennzeichnet sind (Rot-Gelb im Wechsel) und ihre Anzahl reduziert wird. Fünf Stäbchen sind meist für den Anfang ausreichend.

Kinder mit Problemen in der Handmotorik bedürfen groß ausgelegter Webrahmen mit wenigen, kräftigen Kettfäden und dicken Schussfäden (dickes Makrameegarn, Stoffbänder). Auch hier ist der Stäbchenwebrahmen ein brauchbarer Einstieg in das spätere Weben mit dem Bild- oder Tischwebrahmen.

3.9 Holz

Kaum ein Werkstoff findet so vielfältige Anwendung, wie Holz. Seine hohe Festigkeit bei außergewöhnlicher Elastizität und guter Bearbeitungsfähigkeit haben ihm seit Jahrtausenden einen hohen Rang als Gebrauchsmaterial eingeräumt. Trotz Technisierung und vielfältiger Kunststoffe ist Holz auch heute noch unverzichtbar und bedeutend. Grob lässt sich das Holz unterscheiden in Weich- und Hartholz. Fichte und Kiefer gehören zu den weichen Hölzern, Nussbaum, Eiche oder Buche zu den harten Hölzern. Holz wird in vielfältiger Form angeboten:

- Als aus dem Stamm geschnittene Bretter, Bohlen, Kant- oder Rundhölzer.

- Als Leimholz – hierbei handelt es sich um Leisten, die aneinandergeleimt Bretter von hoher Festigkeit und geringer Verwerfung ergeben.

- Sperrholz – dünne Holzplatten, so aufeinandergeleimt, dass die Maserung der Platten sich rechtwinkelig überschneidet, wodurch Verwerfungen und Risse wegfallen.

- Tischlerplatten – Zusammengeleimte Holzleisten, welche mit dünnen Holzplatten vorne und hinten verleimt werden.

- Spanplatten – minderwertiges Holz wird zu Spänen zerkleinert, mit einem Binder versetzt und zu Platten gepresst.

- Furniere – Geschnittene oder geschälte Holzplatten von geringer Stärke, die auf billigere Materialien (z. B. Spanplatten) aufgeleimt werden.

Für die pädagogische Arbeit sind hauptsächlich Weichhölzer, wie Rauhspund oder Hobeldielen (Nut- und Federholz, meist Fichte), Dachlatten, sowie Leimholzplatten (Fichte oder Kiefer) gebräuchlich. Sperrholz nimmt ebenso einen großen Raum ein. Weniger üblich sind Harthölzer (zumal sie teurer sind), Tischlerplatten sowie Spanplatten. Furniere werden manchmal zu dekorativen Arbeiten benutzt.

Von großer Bedeutung für die Arbeit mit Kindern ist Ast- und Wurzelholz, noch nicht durch Maschinen oder Produktionsvorgänge verfälschtes Material: dicke und dünne Äste und Zweige aus dem Wald, Park, Obstgarten. Die Erfahrbarkeit des Holzes ist hier elementarer, und Wurzeln, Äste und Zweige sind nicht ebenmäßig und immer gleich stark, sondern organisch gewachsen, rund, sie haben noch ihre Rinde.

Ebenso gut verwendbar für die gestalterische Arbeit mit Holz sind alte, für die ursprünglichen Zwecke nicht mehr verwendbare, verwitterte, ausgeblichene Bretter und Bohlen, auch Kästen – Holz also, das Geschichten erzählen kann, dem die Spuren von Arbeit, Zeit und Witterung anhaften, Geschichten, denen auch die Kinder folgen können.

Von Bedeutung ist auch die Farbigkeit des Holzes. Nicht nur das einzelne Brett mit seinen hellen und dunklen Farblinien und Flecken, wie sie in Maserung und Knörzen zu sehen sind, auch die Holzarten selbst unterscheiden sich in der Farbe. Graue Eiche, gelbe Fichte, rötliche Kiefer, weiße Birke, sind nur einige Beispiele für das Farbenspiel des Holzes.

Alter, Verwendungszweck und Umgebung (Holz im Raum oder Außenbereich) wirken auf die Farbe des Holzes ein. Es verändert seine Farbe, dunkelt nach, vergraut oder bleicht aus. Holz ist ein lebendiger Werkstoff, aber auch ein Werkstoff, der sich nur dem fügt und erschließt, der sich auf seine Eigenheiten einlässt und sich mit ihm auseinandersetzt, nicht gegen, sondern mit ihm arbeitet.

a) Holzverarbeitung

Anders als bei Ton oder anderen verformbaren Materialien kann beim Holz nicht auf Werkzeug verzichtet werden. So ist der gestalterische Umgang mit Holz im Elementarbereich nicht unproblematisch, zumal der Bearbeitung von Holz auch werktechnische Elemente zugrunde liegen. Gleichwohl stellt der Umgang mit diesem Material und den dafür nötigen Werkzeugen für die Kinder einen großen Anreiz dar, der unterstützt werden sollte.

Die handwerkliche Arbeit mit Hammer und Nägeln, Säge und Messer ist nicht ungefährlich, sollte aber gerade deshalb nicht aus dem Blick geraten. Gefährdungen ergeben sich meist aus der Unkenntnis der Gefahr. Vorsichtiger, respektvoller Umgang mit gefährlichem Werkzeug und Werkstoff führt zu sicherem Gebrauch.

Aber entsprechendes Werkzeug und adäquater Werkstoff tragen selbst auch zur Verringerung von Gefahren bei. Billiges „Kinderwerkzeug", wie es überall angeboten wird, nimmt Kinder und Werkstoffe nicht ernst. Es erweist sich in den meisten Fällen als unbrauchbar. Wobei nicht so sehr die Größe eines Hammers ausschlaggebend ist, sondern vielmehr die Qualität. So ist ein Hammer, dessen Kopf nur lose auf dem Stiel sitzt, weitaus gefährlicher, als ein etwas zu schwerer, aber festsitzender Hammerkopf. Desgleichen sind stumpfe und zu leichte Kleinsägen gefährlicher als gute, scharfe Gestellsägen.

Auch sollte dafür gesorgt werden, dass die Werkstücke während der Arbeit am Arbeitsplatz guten, sicheren Halt haben. So sind entsprechende Halte- und Spannvorrichtungen nötig, wie sie z. B. Hobelbänke besitzen. Nicht immer jedoch ist eine Hobelbank unabdingbar. Mehrere gute Schraubzwingen können ebenso festen Halt von Werkstücken garantieren.

An Werkzeugen sollte vorhanden sein: Mehrere Hämmer (200 Gramm), Gestellsägen, Fuchsschwanz, Feinsäge, Laubsäge, Raspeln (rund und halbrund, grob und fein), Vorstecher (Spitzbohrer), Handbohrmaschine oder Handwinde mit entsprechendem Bohrersortiment, Nagelbohrer, Drillbohrer, kleine und große Anschlagwinkel, Schlicht- oder Doppelhobel, ein Schraubzwingensortiment, Spannvorrichtungen (Balken-Gewindestangen-Spannvorrichtung mit Kurbel, auf den Tisch aufschraubbar), Beißzangen, Stech- und Hohleisen in unterschiedlichen Größen, Schraubenziehersatz. Unterschiedlich gekörntes Schleifpapier. Eine grobe Körnung (60er oder 80er) ist für die grobe Vorbehandlung, feine Körnung (150er bis 220er) zum feinen Nachbehandeln. Schleifklötze aus Kork oder Gummi. Es gibt noch eine Reihe von Werkzeugen zur Holzbearbeitung. Für die Grundausstattung jedoch ist das vorgenannte Sortiment ausreichend.

In den einzelnen Kapiteln wurden bereits Einsatzmöglichkeiten und Aufgaben für die Holzarbeit mit Kindergruppen beschrieben. Erwähnt seien die Grundgerüste für Großfiguren, Gießrahmen für Reliefguss, Bildwebrahmen und Stäbchenwebrahmen (Weben), Arbeitshilfen für die Tonarbeiten, wie z. B. Schneidedrahtgriffe oder Leisten zum Tonplatten schneiden (siehe Tonarbeiten), Holzklötzchen für die Stempeltechnik und anderes mehr.

Alle vorgenannten Beispiele beziehen sich auf Holz, im Zusammenhang mit anderen Materialien – als Funktionsträger und Hilfsmittel. Der Werkstoff Holz bietet viele Möglichkeiten. Selbst hergestelltes Holzspielzeug, von Bauklötzen bis zu Spielautos, Holzpuzzle, hölzerne Klangerzeuger können auf einfachem Wege von Kindern gebaut werden. Die Beziehung zu diesen Gegenständen wird bei Kindern eine andere sein, als zu fertig gekauftem Spielmaterial. Gestaltungsvorschläge im einzelnen erscheinen wenig sinnvoll, da das Spektrum des Möglichen bei Holz zu umfassend ist. Dasselbe gilt auch für die Be- und Verarbeitungsweisen, die in entsprechenden Werkbüchern bereits sehr ausführlich dargelegt sind (Lindner, Hils u.a.).

b) Hinweise

Für körper- und mehrfachbehinderte Kinder ist die Arbeit mit Holz mit Schwierigkeiten verbunden. Gerade sie sind aber in hohem Maße motiviert, dieses Material voller Widerstände und Herausforderungen zu bewältigen und im Bereich ihrer Möglichkeiten zu prägen. Dazu müssen ihnen jedoch Mittel an die Hand gegeben werden, die es ihnen erlauben, sich gestalterisch dem Material zu nähern.

Ein bewährtes Hilfsmittel ist die Gehrungssäge. Allerdings sollte es eine Säge mit Metallanschlag und Sägeführung sein. Dieses Gerät erlaubt auch körperbehinderten Kindern dicke Rundhölzer, Äste oder Dachlatten durchzusägen. Als zusätzliche Hilfen dienen Schraubzwingen zum Befestigen der Schneidlade und zum Fixieren der Werkstücke.

Für Kinder, die nicht selbständig in der Lage sind, die Säge zu bedienen, kann die Säge so verändert werden, dass mit ihr entweder beidhändig oder partnerschaftlich hantiert werden kann.

Für das beidhändige Arbeiten wird ein 20 cm langes Rundholz, z. B. aus einem alten Besenstiel, quer am Griff der Säge montiert. Zur Montage genügt meist festes Textilklebeband oder starkes Paketband.

Zum partnerschaftlichen Arbeiten werden an beiden Enden der Säge kurze, starke Paketschnüre festgeknotet, an deren Enden ca. 10 cm lange Rundhölzer quer als Griffe befestigt sind. Das Sägen geschieht nach dem Prinzip der Zugsäge. Das Ziehen der Säge ist vielen, auch schwer körperbehinderten Kindern möglich, so dass zwei Kinder sich gegenübersitzend, die Säge hin- und herziehen.

Der Einsatz von Maschinen ist bei vielen Körperbehinderten durchaus angebracht. Sie sind hier wertvolle Hilfsmittel, die allerdings so gesichert sein müssen, dass keine Verletzungsgefahr besteht.

Ein sehr nützliches Werkzeug ist die Dekupiersäge oder Vibrationssäge: eine elektrische Laubsäge, die über einen Magnet in Vibration versetzt wird. Dies ermöglicht ein relativ gefahrloses Arbeiten, da die Haut der Hände, kommt sie mit dem Sägeblatt in Kontakt, diese rasche Bewegung mitvollzieht, ohne verletzt zu werden. Bei der Anschaffung einer solchen Säge sollte die Leistungsstärke (Wattzahl), die maßgebend für die Stärke des Materials ist, das die Säge maximal schneiden kann und die die Lautstärke des Motors beachtet werden. Viele Dekupier- oder Elektro-Vibrationssägen, besonders die preiswerten, sind laut und so völlig ungeeignet zur Arbeit mit behinderten Menschen.

Eine sinnvolle Ergänzung der Säge stellt ein sogenannter „Werkstückniederhalter" dar. Da die Werkstücke während des Sägens fest auf dem Sägetisch angedrückt geführt werden müssen, kann die Arbeit an der Säge für viele Körperbehinderte unnötig durch die Doppelbeanspruchung der Motorik – Andrücken des Werkstückes bei gleichzeitigem gezieltem Führen –, erschwert werden. Der Werkstückniederhalter,- ein in der Höhe verstellbarer Spannhebel –, übernimmt die Funktion des Andrückens und der Akteur kann sich ganz auf das Aussägen konzentrieren.

Die Handhabung von Bohrmaschinen ist für Körperbehinderte – insbesondere für zielunsichere, z. B. Ataktische –, immer problematisch. Ein Bohrmaschinenständer mit langem Hebelarm ist unverzichtbar. Besser noch ist eine Tischbohrmaschine mit Riemenführung, deren Hebelarm weit vom Bohrfutter entfernt, sicher angebracht ist.

Wer die Möglichkeit als Hausmeister oder Hilfsmittelmechaniker hat, sollte die Maschine mit einem Bohrfutterschutz versehen. Er besteht aus einem durchsichtigen Halbzylinder (z. B. Plexiglas), der das Bohrfutter umgibt und der an einem beweglichen Gelenk aufgehängt ist. Während des Bohrens liegt der Schutzzylinder auf dem Werkstück auf, ohne den Vorgang des Bohrens zu behindern, wobei aber niemand, auch bei unwillkürlichen Bewegungen der Hände, in den Bereich des Bohrers und des Bohrfutters kommen kann.

Selbstverständlich sollten Werkstücke während des Bohrens nicht einfach nur mit der Hand festgehalten werden, sondern durch Schraubzwingen auf dem Bohrtisch festgespannt werden.

Die Mehrzahl der Werkzeuge zur Holzbearbeitung kann kaum so verändert werden, dass körperbehinderte Menschen diese problemlos bedienen können. Hammer, Raspel, Stecheisen usw. sind auf die Funktion der Hände hin konzipiert. Aber für Hände gibt es keinen Ersatz.

Es muss also für jeden Behinderten individuell entschieden werden, welches Werkzeug er zu führen imstande ist und auf die Frage, wo seine Grenzen liegen, muss eine Antwort gefunden werden. Es sollte aber nicht vorschnell geurteilt werden. Kein Zustand ist zu verewigen. Vollkommen selbständiges Arbeiten wird bei körperbehinderten Kindern kaum möglich sein und sie nehmen jede Hilfe an, wenn sie ihnen als Hilfe zur Selbsthilfe entgegengebracht wird; wenn sie ihnen ermöglicht, immer noch sich selbst in dem erarbeiteten Werkstück wiederzufinden.

4. Werken und Gestalten im Außenbereich

Der Spielplatz hat in einer Zeit und Umwelt, die geprägt ist von der Erwachsenwelt und ihren Bedürfnissen, einer Umwelt, die die Bedürfnisse von Kindern weitgehend ignoriert, eine elementare und bedeutende Funktion. Gleichwohl muss es verwundern, dass Spielplätze zumeist verwaist und ohne Leben sind, ungenutzt, häufig mit Spuren von Zerstörung. Es ist die Frage, ob viele der üblichen Spielplätze nicht am Kind vorbei konzipiert worden sind.

Tatsächlich genügt es nicht, eine Vielzahl von sog. Spielgeräten aufzustellen. Nur einem Bedürfnis wird dabei Rechnung getragen: Dem Bewegungsdrang beim Schaukeln und Rutschen, beim Klettern und Balancieren. Eingleisig konzipierte Spielplätze verlieren bald ihren Reiz, wenn nicht auch andere Faktoren der kindlichen Entwicklung in die Spielplatzgestaltung einbezogen werden, z. B. der nach Betätigung: die Umwelt mit zu gestalten, zu verändern, tätig zu sein. Ein Sandkasten alleine kann diesem Drang nach Gestaltung nicht genügen. Haben Kinder ein paar Bretter, Hammer, Säge und Nägel, gehen sie mit Eifer und Engagement zu Werke, besonders wenn das Bauen unter freiem Himmel geschieht.

Eine ganze Reihe von Betätigungsfeldern bieten sich an, Kindern gestalterisches Arbeiten im Außengelände zu ermöglichen. Das gilt vornehmlich für betreute Spielplätze, für Kindergärten, Schulen, Internate, Heime.

Ein Zentrum für körperbehinderte Kinder mit Schule und Internat in Norddeutschland richtete großzügig ein Spielgelände ein und die Initiatoren waren stolz darauf, 370.000 Euro investiert zu haben. Nur: Es gab für die Nutzer keine Gelegenheit zu Betätigung. Nicht einmal Rückzugs- und Ruhebereiche, welche für behinderte Kinder unverzichtbar sind, wurden integriert. Solche Planung wird nur der Verwaltung und vordergründiger Auslegung von Bestimmungen gerecht, nicht aber Kindern, die dort leben müssen.

Wesentlicher noch als Aufwendigkeit ist, dass die Planer sich mit den kindlichen Bedürfnissen befassen, das Kind als Menschen ernst nehmen. Das Folgende kann dafür Anregungen geben.

4.1 Sand und Wasser

Der Sandkasten gehört zum Spielplatz wie die Tür zum Haus. Trotz eines solchen Allgemeinplatzes soll in diesem Kapitel auch der Sandkasten unter gestalterischen Gesichtspunkten erörtert werden.

Sich mit Sand beschäftigen, ist ein Grundbedürfnis jedes Kindes und die erste Berührung mit dem Element Erde. Kinder müssen nicht dazu angehalten werden, mit Sand zu spielen. Sie folgen einem natürlichen Impuls, ob am Strand, auf dem Spielplatz, oder da, wo Bausand abgeladen wurde. Überall, wo Sand erreichbar ist, sind Kinder anzutreffen, die fasziniert, versunken, grabend und bauend tätig sind.

Sand ist aber nicht gleich Sand. So ist der Sand in Sandkästen meist sog. gewaschener Sand, also Quarzsand. Quarzsand rieselt zwar gut, lässt sich aber nur dann „konstruktiv" verwenden, wenn Wasser beigemischt wird, aber auch dann nur begrenzt. Besser zum Bauen und Formen eignet sich Grubensand, mit hohem Anteil an toniger Erde. Er lässt sich in trockenem und leicht feuchtem Zustand gut aufbauen und ist in sich stabiler. Er bindet auch stärker als Quarzsand Wasser und bleibt dadurch längere Zeit formbar.

Wasser ist die natürlichste Ergänzung zum Sand. Jeder Sandkasten sollte in unmittelbarer Nähe einen Wasseranschluss mit Schwengelpumpe oder Wasserhahn haben. Die Schwengelpumpe ist vorzuziehen. Kinder erleben, wie sie durch eigene Kraft Wasser aus dem Erdboden pumpen können.

Steine und besonders Holz, Astwerk, Brettchen, Leisten, auch Blätter sollten in erreichbarer Nähe sein. Auch Tonklumpen, mit Sand vermengt, schaffen Anreiz zum konstruktiven Spiel.

a) Hinweise

Auch körper- und mehrfachbehinderten Kindern sollten Erfahrungen mit Sand und Wasser nicht vorenthalten werden. Besonders Sand nimmt diese Kinder freundlich auf, denn er passt sich ihren körperlichen Schwierigkeiten an. Er schmiegt sich an, ist leicht und gewährt dennoch Halt und Sicherheit.

Die Mutter eines schwer mehrfachbehinderten Kindes, das nicht selbständig sitzen konnte, löste das Problem Sandkasten, indem sie eine Sitzmulde grub, das Kind hineinsetzte und bis an den Bauch mit Sand bedeckte. So konnte das Kind, stabil und sicher sitzend, mit den Händen den Sand fassen, bewegen, erfahren.

Dieses Beispiel zeigt, dass es für manche schwerwiegend erscheinenden Probleme einfache Lösungen gibt.

Der Wasseranschluss sollte so konstruiert sein, dass er auch von Kindern erreicht wird, die im Rollstuhl sitzen. Die Schwengelpumpe muss sorgfältig ausgesucht werden. Der normale Pumpenschwengel ist meist für den Rollstuhlfahrer zu kurz oder zu ungünstig angebracht. Ein verlängerter Pumpenschwengel erweist sich da als sehr hilfreich.

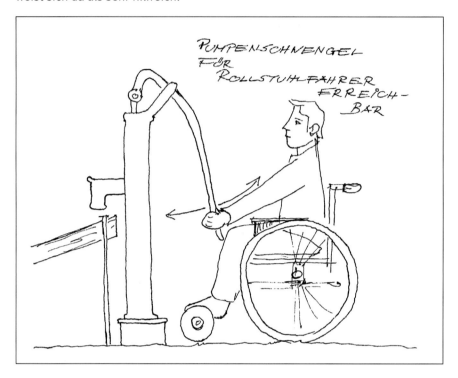

4.2 Ton im Außenbereich

Der Werkstoff Ton wurde schon im Kapitel 3.2 bedacht. Hier soll nun auf seine Einsatzmöglichkeit im Außenbereich hingewiesen werden. Der Außenbereich bietet Kindern ein weitaus größeres Spektrum der Auseinandersetzung mit dem Material Ton an, in einer dem Werkstoff sehr viel gemäßeren Umgebung als es der Raum sein kann.

Beziehungen herzustellen zwischen Ton und Erde wird Kindern leichter, wenn sie Ton in seiner Umgebung bearbeiten: im freien Gelände. Dort kann er auch mit den Füßen geknetet oder gar getreten werden, in großen Wannen oder einfach auf dem Erdboden. Wie bereits unter „Sand und Wasser" beschrieben, sind Tonbeigaben im Sand reizvoll.

Ton sollte zur freien Gestaltung angeboten werden. Einige Voraussetzungen sind dazu nötig: Tonwerktische und Behältnisse für Ton z. B. Maurerbütten. Solche

Werktische können aus Bauholz relativ preiswert hergestellt werden. Als Ton empfiehlt sich im Außenbereich das Material, aus welchem Ziegel geformt werden (Lehm), das zudem preiswert zu haben ist (siehe dazu auch W. Mahlke/Ton). Zur Lagerung eignen sich Maurerbütten, die mit einer Plane gegen Regen und Verschmutzung abgedeckt werden. Aber die Lagerung ist auch einfach auf dem Erdboden möglich, wobei auch hier eine Abdeckung mit einer Plane sinnvoll ist.

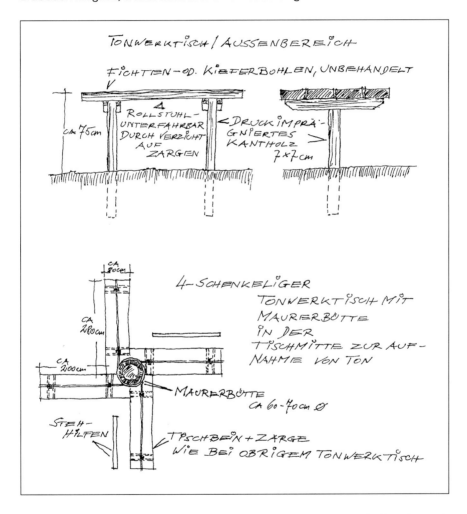

Neben den in den Kapiteln über Ton vorgestellten Gestaltungstechniken ist auch die Herstellung von Ziegeln und das Bauen von Mauern oder Igluhäusern aus solchem Lehm eine reizvolle Betätigung: Holzrahmen aus Dachlatten werden zusammengenagelt, die als Grundform für die Ziegel dienen. Der Lehm wird in die

Rahmen gestrichen, geklopft und als fertiger Ziegel wieder dem Rahmen entnommen.

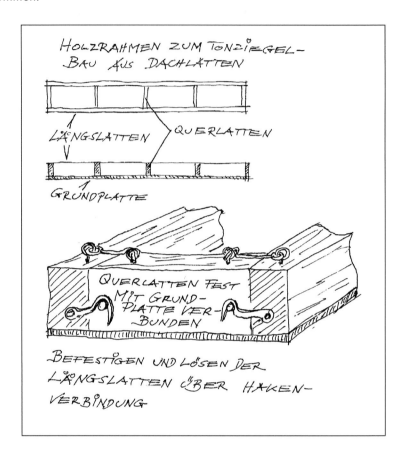

a) Lehmofenbau

Feuer ist ein Element, das in der pädagogischen Arbeit kaum eine Rolle spielt. Aber gerade dieses lebendige, wärmespendende, energiefreisetzende und materialverändernde Element sollte zum festen Bestandteil pädagogischer Arbeit zählen. Kein anderes schafft soviel Behaglichkeit und ist so kommunikativ wie das Feuer.

Eine besonders reizvolle und ganzheitliche Beschäftigung mit dem Feuer findet beim Bau von Lehmöfen statt. Diese Ofentypen haben eine uralte Tradition und wurden, beziehungsweise werden noch, in vielen Teilen der Welt zum Brennen von keramischer Ware gebaut. Es gibt viele unterschiedliche Ofentypen – vom

Flaschenofen über den Stufen- bis hin zum Tunnelofen (siehe auch W. Mahlke/ Lehmofenbau). In dieses Kapitel soll nur ein Ofentyp Eingang finden: Der Flaschenofen.

Es ist zunächst die Wahl des Standortes zu beachten. Der Ofen sollte geschützt, gleichzeitig aber so ausgerichtet stehen, dass die Heizöffnung in die häufigste Windrichtung zeigt. Die Stelle sollte so beschaffen sein, dass der Ofen stehen bleiben kann, ohne zu stören oder von Zerstörung bedroht zu sein. Eine leichte Bodenerhebung, in die hinein der Ofen gebaut werden kann, wirkt sich günstig aus, ist aber nicht unbedingt erforderlich.

Eine ca. 70 cm große runde Fläche wird von Gras befreit und eben gemacht. Für den Unterbau des Ofens werden biegsame Zweige von Büschen und Laubbäumen in entsprechender Länge geschnitten. Die Äste werden rund um die Feuermulde fest in die Erde gesteckt und miteinander verflochten.

Nun wird Ton von unten nach oben darüber aufgebaut, wobei darauf geachtet wird, dass das Astwerk und die Blätter nicht in den Ton eingebettet werden. Die Wandung des Ofens sollte zwischen 3 und 5 cm stark sein und nicht in der Stärke schwanken.

Der Ofen muss sich nach oben flaschenartig verjüngen und in einem Kamin enden. Als Kamin können z.B. auch Blechrohre (Regenwasserrohre) verwendet

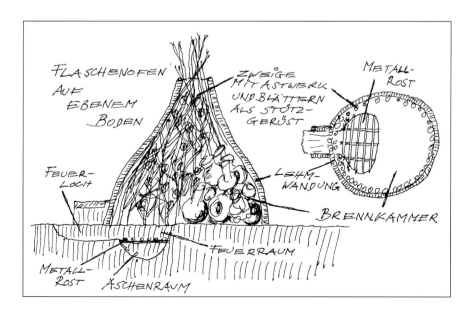

werden. Doch hier ist Vorsicht geboten: die Rohre sollten nicht fest in den Lehmmantel eingearbeitet werden, sondern auf die obere Ofenöffnung aufgestülpt werden. Sowohl in Lehm eingebettetes Astwerk als auch ein eingearbeiteter Kamin führen beim Brennen zu Rissen und Sprüngen.

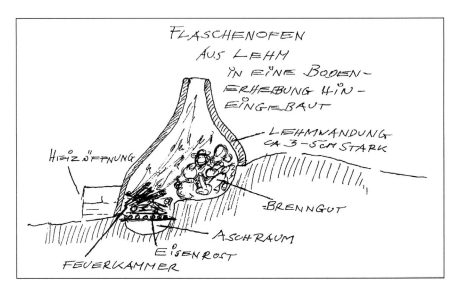

Den Ton während des Aufbaus gut andrücken und nahtlos verstreichen. Nach dem Aufbau wird über der Feuerungsöffnung die Öffnung zum Einräumen (Beschicken) des Ofens an einer günstigen Stelle der Wand geschnitten. Die Größe der Öffnung richtet sich nach dem größten Gegenstand, den der Ofen aufnehmen soll. Die herausgeschnittene Platte vorsichtig beiseite legen: Sie wird nach dem Einräumen wieder eingesetzt und mit Lehm verstrichen.

Für das Beschicken des Ofens gilt dasselbe wie es bereits im Kapitel „Ton" unter „Brennen" beschrieben wird.

b) Brennen

Nachdem der Ofen beschickt ist, kann mit dem Brand begonnen werden. Wie beim Elektroofen ist langsames Aufheizen des Lehmofens geboten. Zu schnelles Erhitzen des Ofens führt zur Rissebildung und kann die vollständige Zerstörung des Ofens wie auch des Brenngutes zur Folge haben. Daher wird mit  feuchtem, schlechtbrennendem und nur wenig Wärme abgebendem Brennmaterial begonnen. Feuchtes Laubholz, Blattwerk, frisches Holz von Pappeln oder Haselnuss eignen sich zum Vorheizen. Allmählich wird die Hitze gesteigert. Nach ca. 8 Stunden kommt der Ofen auf die gewünschte Temperatur, wenn zuletzt mit trockenen Kiefern-, Fichten- oder Tannenzweigen geheizt worden ist.

Die Brenntemperatur wird daran sichtbar, in welcher Farbe die Flammen aus dem Kamin schlagen. Orangerote bis gelbe Flammen weisen auf 600 bis 800 Grad Celsius hin. Gelbe bis weiß-bläuliche Flammen zeigen Temperaturen von 900 bis 1.100 Grad an.

Das Erlöschen der Flammen während des Brennens sollte vermieden werden, weil starke Temperaturschwankungen zu Spannungen im Tonmaterial sowohl des Ofens als auch des Brenngutes führen und dadurch Risse und Sprünge im Ton entstehen.

Nach Abschluss des Brandes muss der Ofen langsam abkühlen. Die Feueröffnung wie auch der Kamin müssen möglichst dicht verschlossen werden, damit sich die Hitze so lange wie möglich im Ofen hält. Erst nach vollständiger Abkühlung (10 bis 12 Stunden) wird der Ofen geöffnet und das Brenngut herausgenommen.

c) Hinweise

Arbeiten mit Ton:

Für Kinder im Rollstuhl sollten geeignete Möglichkeiten geschaffen werden, an Tischen zu arbeiten. Tische, die Beinfreiheit garantieren und Rollstuhlbuchten aufweisen, sind über den Handel zu beziehen (z. B. Fa. Haags).

Viele körperbehinderte Kinder sind in der Lage, vom Rollstuhl aus Ton zu treten, auch wenn sie nicht laufen können. Manchmal genügt ein Balken, auf dem sie sitzen und u.U. rittlings festgehalten werden können, um mit den Beinen den Ton zu kneten. Gerade für diese Kinder ist das eine wertvolle, taktil-kinästhetische Erfahrung. Sie fühlen ihre Beine und Füße in einem ungewohnten Zusammenhang und lernen sie als „nützliche" Werkzeuge kennen.

Stützbalken sind aber auch für alle motorisch unsicheren Kinder von Nutzen.

Lehmofenbau:

Aufgrund der vielfältigen Handgriffe und Arbeitsvorgänge lassen sich Lehmöfen auch mit heterogenen Gruppen, – also auch mit mehrfachbehinderten Kindern –, als Gemeinschaftswerk gut bewältigen. Jedes Kind findet eine seinen Möglichkeiten gemäße Arbeit: Den Ton treten, Zweige schneiden, Brennholz sammeln, Wülste drehen für den Aufbau des Ofens oder Glätten und Verstreichen der Ofenrundung. Hilfestellung bis hin zur Handführung wird in vielen Fällen nicht zu vermeiden sein; dennoch werden alle Kinder sich einbezogen fühlen und ihren Teil zum Bau des Ofens beitragen.

4.3 Malwand

Die Malwand kann schnell und preiswert erstellt werden. Zwei Vierkantbalken (7 x 7 cm) dienen als Auflage für Nut- und Federbretter (Rauspund, Hobeldielen). Die Balken sollten so lang sein, dass sie an eine Hauswand oder gegen ein Spielgerät gelehnt so hoch sind, dass ein Kind das oberste Brett mit ausgestrecktem Arm gerade noch erreichen kann (siehe Abbildung E auf S. 221).

Die Bretter an die Balken nageln, so dass eine möglichst glatte Fläche entsteht. Nicht bis an den Boden schließen, sondern etwa 30 bis 50 cm frei lassen, damit die Kinder bequem vor der Wand stehen (oder sitzen) können. Bei Malwänden, die 2 Meter und mehr breit werden, wird ein Mittelbalken benötigt, wodurch das Durchhängen oder Schwingen der Malwand vermieden wird.

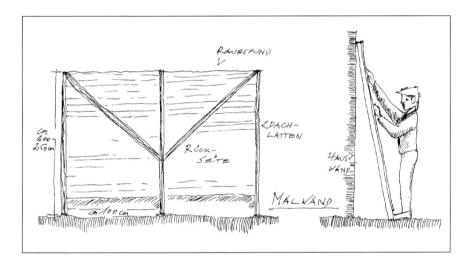

Es empfiehlt sich, nicht unmittelbar auf dem Holz zu malen, sondern die Wand mit großen Bögen Papier zu bespannen z. B. mit Packpapier oder billiger Raufasertapete.

Zum Malen können Fingerfarben, Schultempera, Plaka-, Vollton- und Temperafarben genommen werden. Wachsmalkreiden sind besonders dann reizvoll, wenn Mischtechniken (Tempera- oder Deckfarben) angewendet werden (siehe unter Wachszeichenbatik). Sie drücken die Holzstruktur ab, die dann durch wasservermalbare Farben noch deutlicher hervortritt.

a) Hinweise

Für den Behindertenbereich sollten die Malwände rollstuhlunterfahrbar sein. Ausschnitte können so angeordnet sein, dass die Malwände links und rechts vom Rollstuhl geschlossen sind. Paletten und Heizkörperpinsel sind zu empfehlen.

MALWAND MIT ROLLSTUHLBUCHTEN

4.4 Großwebrahmen (Webehaus)

Der Großwebrahmen wird aus Rundhölzern hergestellt. Dickes Paketband wird als Kettfaden verwendet. Als Holz empfehlen sich z. B. Bohnenstangen, wie sie preiswert im Holzhandel zu erhalten sind. Aus diesen Stangen wird ein Gerüst errichtet. Es kann zeltförmig oder rechteckig, horizontal oder vertikal gebaut werden (siehe Abbildung F auf S. 221).

Die Stangen werden mit Paketband fest verbunden. Das hält meist besser, als die Verbindung der Holzstangen mit Nägeln.

Das Paketband für die Kettfäden wird an der oberen oder unteren Stange festgebunden und zur gegenüberliegenden Stange geführt. Beim Spannen der Kettfäden von links nach rechts wird am besten so vorgegangen: das Band oben über die Stange führen und darum herum legen, wobei der „Rundschlag" links vom Band durchgezogen und kräftig verspannt wird.

Dann das Band längs der Stange führen und in dem gewünschten Abstand einen Rundschlag anbringen, wobei das Band so gefädelt wird, dass der nun zur anderen Stange geführte Kettfaden unter dem anliegenden Band durchgezogen wird.

Im Wechsel das Band an den Stangen weiterführen, bis der Rahmen mit Kettfäden belegt ist.

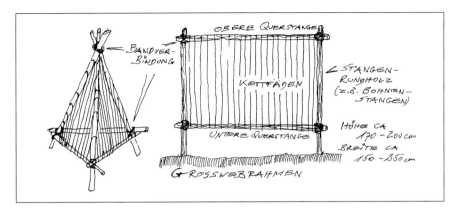

Gewebt wird mit breit gerissenen Stoffbändern aus alten Gardinen- oder Bettzeugstoffen, aber auch mit Stroh, Zweigen, Schafwolle, welche besonders reizvoll ist, wenn sie unversponnen angeboten wird, usw.

Bildwände oder auch Zelte, Höhlen und Häuser können auf diese Weise in großer Farbvielfalt auf dem Außengelände entstehen.

Sollen die Webebilder nach Fertigstellung als Raumschmuck verwendet werden, müssen die Kettfäden doppelt gespannt sein (siehe unter Stabwebrahmen), um diese nach dem Abnehmen miteinander verknoten zu können.

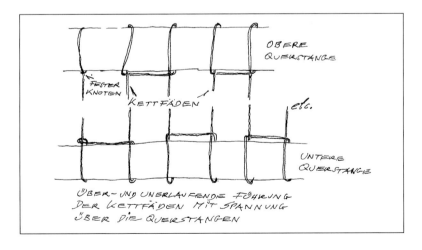

a) Hinweise

Besonders für den Spielplatzbereich von Körper- und Mehrfachbehinderten geeignet. Die Webrahmen sollten rollstuhlunterfahrbar sein, was auch Nicht-Rollstuhlkindern sitzendes Tätigsein ermöglicht.

Die Kettfäden sollten an den verschiedenen Webrahmen unterschiedliche Abstände aufweisen und damit die Möglichkeit geben, auf das jeweilige Potential der Kinder einzugehen.

Das Weben ist gemeinschaftsfördernd. Kinder, die aufgrund ihrer schweren Mehrfachbehinderungen nicht unmittelbar an den Webarbeiten teilnehmen können, fühlen sich in der meist recht ruhigen und von Konzentration durchdrungenen Atmosphäre wohl und einbezogen, wenn sie inmitten der übrigen Kinder deren Tätigsein verfolgen können.

4.5 Sandbilder

Material: Quarzsand unterschiedlicher Körnung
Farb-Pigmentpulver
Kunstharzbinder
Borstenpinsel
Pappe/Karton
Plastikeimer/Schüsseln oder große Gläser
Holzspachtel/Stäbchen.

Der Reiz des Sandbildes entsteht durch die elementare Bearbeitung des Gestaltungsmaterials. Diese Technik eignet sich vorzüglich auch für den Außenbereich. Quarzsand ist fast überall zu finden. Ein 10-Litereimer Sand reicht aus für eine große Menge Farbsand.

Der Sand muss trocken sein. Feuchter Sand wird am besten auf einer Plastikfolie, z. B. einem zerschnittenen Müllsack, in der Sonne zum Trocknen ausgebreitet. Er trocknet auf diese Weise schnell durch. Darauf den Sand durch unterschiedlich große Siebe schütten, wodurch Steine und Verunreinigungen, wie Holz oder Blätter usw., ausgefiltert und gleichzeitig unterschiedliche Körnungen erreicht werden.

Der auf diese Weise aufbereitete Sand wird nun mit Farb-Pigmentpulver versetzt. Ein Teelöffel reicht für 1 Liter Sand. Eine entsprechende Menge Sand wird in ein großes Gefäß gegeben, jedoch nur so viel, dass bei kräftigem Aufschütteln kein Sand über den Rand des Gefäßes fällt. Das Farbpulver wird darüber gestreut und dann durch kräftiges Schütteln unter den Sand gemischt. Die Pigmente verteilen sich gleichmäßig im Sand und färben ihn entsprechend ein. Überflüssiges Pigment stäubt ab.

Als Malgrund eignet sich Karton oder Pappe. Das Malmotiv wird linear (mit Holzstäbchen) oder flächig (mit dem Spachtel) mit Kunstharzbinder aufgetragen. Der Malvorgang vollzieht sich aufbauend von Farbe zu Farbe. Der farbige Sand wird auf den Karton geschüttet und durch leichtes Schütteln über der Klebefläche verteilt und der Rest dann in den Behälter zurückgeschüttet. Auf der Klebefläche haftet er und bleibt stehen. Kurz antrocknen lassen und in der beschriebenen Weise fortfahren.

Korrekturen des Bildes sind durchaus möglich, sobald der Binder durchgetrocknet ist. Es genügt, an entsprechenden Stellen Binder aufzubringen und den beschriebenen Vorgang neu zu beginnen.

Die Gestaltungsmerkmale der Sandbilder sind differenzierte Farbigkeit und Struktur. Struktur ergibt sich besonders durch die unterschiedlich grobe Körnung der Farbflächen.

Abwandlung:

Reizvoll ist auch, die Gegend nach verschiedenfarbigem Sand und Erden abzusuchen, also auf das Einfärben zu verzichten. Es ist erstaunlich, wie viele differenzierte Farben der Boden hervorbringen kann.

a) Hinweise

Spezielle Hilfsmittel sind außer den beschriebenen Spezialpinseln nicht nötig. Für Kinder mit handmotorischen Problemen sollten Behälter mit großen Öffnungen (Eimer, Schalen) gewählt werden, zum Schütten Henkelbecher.

Großflächiges Gestalten fällt behinderten Kindern leichter als feinstrukturiertes Malen, so dass bei der Auswahl entsprechend große Kartons für die Kinder bereitgehalten werden.

4.6 Asphalt- oder Betonmalerei

Material: Volltonfarbe (evtl. mit Wasser etwas verdünnt)
Heizkörperpinsel
Wasserbehälter (Eimer)
Gläser für die Farben oder große Paletten (z. B. Eierpappen)

In vielen Einrichtungen, Schulen und Heimen ist das Anlegen von Plattenwegen, Asphaltflächen, auch an Auf- und Einfahrten, zur Manie geworden. Gleichzeitig bieten diese Anlagen aber auch Möglichkeiten für gestalterische Tätigkeit. Um Konflikte mit Hausmeistern auszuschalten, sollten Aktionen, die in sein Zuständigkeitsfeld fallen, zuerst mit ihm abgesprochen werden. Für die Vorreinigung der zu gestaltenden Flächen ist ein Straßenbesen zu empfehlen. Ebenso sind Sicherungen der Arbeitsflächen anzubringen, so es sich um Auffahrten oder Parkflächen oder ähnliches handelt. Vorgestellt werden zwei unterschiedliche Verfahren.

a) Ornamentales Gestalten

Eine Aufgabe mit funktionalem Hintergrund kann hilfreich sein, z. B. die Kennzeichnung der Einfahrt. Die vorgegebene Struktur eines Platten- oder Steinweges wird farbig in ornamentaler Weise durch Einbeziehung der Stein- oder Plattenform so gestaltet, dass es deutlich wird, wie dem Weg zu folgen ist.

Eine andere Thematik könnte die flächige Gliederung eines asphaltierten Platzes sein oder einfach eine Farbabfolge der Platten oder Steine. Gearbeitet wird mit dem Heizkörperpinsel, dessen langer Stiel die Arbeit auf dem Boden erleichtert (siehe Abbildung G auf S. 222).

b) Schattenrissbilder

An sonnigen Tagen eine besonders stark motivierende Tätigkeit. Günstig wirkt sich hier partnerschaftliches Arbeiten aus. Einer der Partner stellt sich so in Positur, dass sein Schatten so interessant wie möglich auf den Untergrund fällt. Der andere Partner umreißt den Schatten mit schwarzer Volltonfarbe, wobei es die Arbeit erleichtert, wenn der erste während dieser Zeit möglichst ruhig stehen bleibt.

Danach wechseln die Partner und wiederholen den Vorgang mit vertauschten Rollen. Im Anschluss daran werden die Silhouetten farbig ausgestaltet. Jeder kann sich seine eigene, oder, was vielfach interessanter und motivierender ist, die seines Partners vornehmen (siehe Abbildung H auf S. 222).

c) Hinweise

Auch für Rollstuhlfahrer ist dieses Verfahren reizvoll. Bei Kindern, die motorisch unruhig sind, hat sich gezeigt, dass das Stillstehen aufgrund des motivierenden Charakters der Tätigkeit keine Schwierigkeiten bereitet. Kinder, die nicht auf einen Rollstuhl angewiesen sind, aber kaum stehend arbeiten können, arbeiten am besten in sitzender oder kniender Position. Oder es wird ihnen ein Stuhl an ihr Bild gestellt. Auch Kinder, denen es schwerfällt Begrenzungslinien einzuhalten, sind motiviert, ihre Silhouette ohne „Grenzüberschreitung" zu füllen.

4.7 Bauspielplatz

Ein Baubereich sollte jedem betreuten Spielplatz (Kindergarten, Tagesstätte, Schule, Heim) angegliedert sein. Für die kindliche Entwicklung ist der Umgang mit Holz und Werkzeug so wichtig wie das Spielen im Sandkasten. Neben der Auseinandersetzung mit dem Material und den Grunderfahrungen mit Statik und Konstruktion ist das Bauen von kommunikativem und sozialem Charakter. Gegenseitige Absprache, Rücksichtnahme und Hilfestellung sind für das Bauen, z. B. einer Hütte selbstverständlich. Stärken und Schwächen der einzelnen Gruppenmitglieder relativieren sich bei den vielfältigen Aufgaben, die das Bauen mit sich bringt.

Die Anforderungen für die Organisation auf Bauspielplätzen sind geringer, als gewöhnlich angenommen wird. An Werkzeug sollte ein Grundsortiment vorhanden sein. Mehrere Hämmer, Bügelsäge, Fuchsschwanz, Kuhfuß, Schaufel, Sägebock und Nägel sind für den Anfang ausreichend.

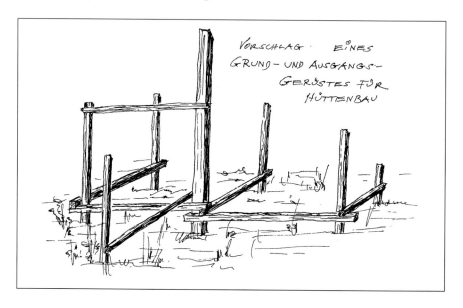

Bauholz muss nicht immer gekauft werden. Der Baustoffhandel hat häufig Ausschussware, die eventuell als Spende zu haben ist. Auch Anfragen bei Abbruchfirmen und Zimmermannsbetrieben können sich als erfolgreich erweisen.

Ein Gerüst, das den Kindern den Anfang erleichtert, sollte erstellt werden. Dazu genügen einige fest in den Boden eingesetzte Balken, die untereinander verbunden werden. Eine wetterfeste, gut verankerte und verschließbare Werkzeugkiste aus Holz erspart das Hin- und Herbefördern des Werkzeuges.

Erfolgversprechend ist das Anlegen des Bauspielplatzes in der Nähe eines Kindergartens, -heims oder Schulgebäudes. Die beste Lösung ist eine feste Bauhütte, wenn möglich mit Vordach, in der das Werkzeug und eine stabile Werkbank untergebracht sind. Die Sicherheit sollte bei der Errichtung eines Bauspielplatzes eine Rolle spielen, nur ist auch zu bedenken:

- Wirkliche Gefährdungen ergeben sich meist aus der Unkenntnis der Gefahr.

- Das Hinführen der Kinder zum richtigen Umgang mit gefährlichen Werkzeugen ist der sicherste Weg, Gefahren weitgehend vorzubeugen.

- Gutes Werkzeug und brauchbare, stabile Arbeitsvorrichtungen, z. B. feststehende Sägeböcke oder Schneidladen, sind die Gewähr für größtmögliche Sicherheit!

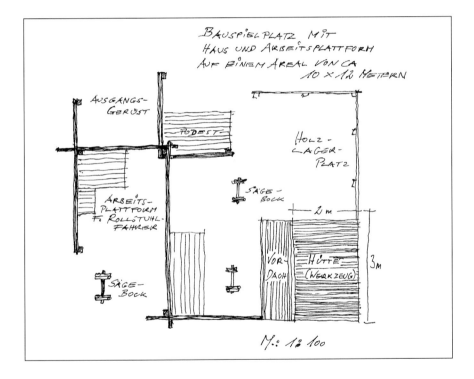

a) Hinweise

Der Bauspielplatz ist für Körper- und Mehrfachbehinderte ein problematischer, jedoch äußerst wichtiger Bereich. Es ist zu beobachten, dass gerade diese Kinder in besonderer Weise motiviert sind, mit Werkzeugen zu arbeite und zu bauen. Hier gilt ähnliches, wie bereits im Kapitel „Lehmofenbau" aufgeführt ist: Die vielfältigen Aufgaben beim Bau einer Hütte, etwa das Herbeibringen des Materials, der Werkzeuge, das Festhalten von Brettern oder Nägeln bieten ein reiches Spektrum von Betätigungsmöglichkeiten mit unterschiedlichen Schwierigkeitsgraden. So kann jedes Kind nach seinen Möglichkeiten Anteil haben an einer gemeinsamen Sache.

Sägeböcke sollten so konstruiert sein, dass sie rollstuhlunterfahrbar sind. Auch die unter „Ton im Außenbereich" erwähnten Stehhilfen (Sitzbalken) sind auf dem Bauspielplatz sinnvoll untergebracht. Unter Sägeböcken und an Baugerüsten sind ebene Holzplattformen oder Gehwegplatten für Rollstuhlfahrer eine große Erleichterung (Abbildung S. 207).

Die Baugerüste sollten nicht nur bodennahe, horizontale Trägerbalken aufweisen, sondern sie sollten sich auch in einer für den Rollstuhlfahrer gut erreichbaren Höhe befinden. Für Holzarbeiten an Stangen und Leisten (Dachlatten) bietet sich die Gehrungssäge an, die auch zur Zugsäge (siehe unter „Holzarbeiten") verändert werden kann.

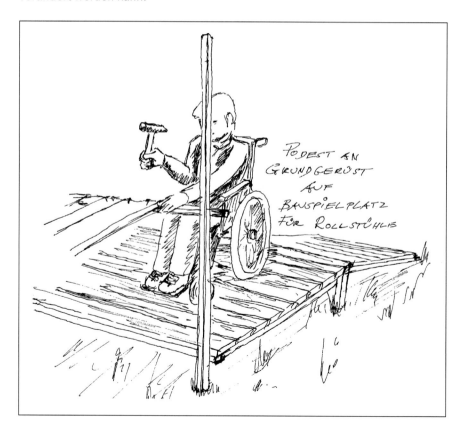

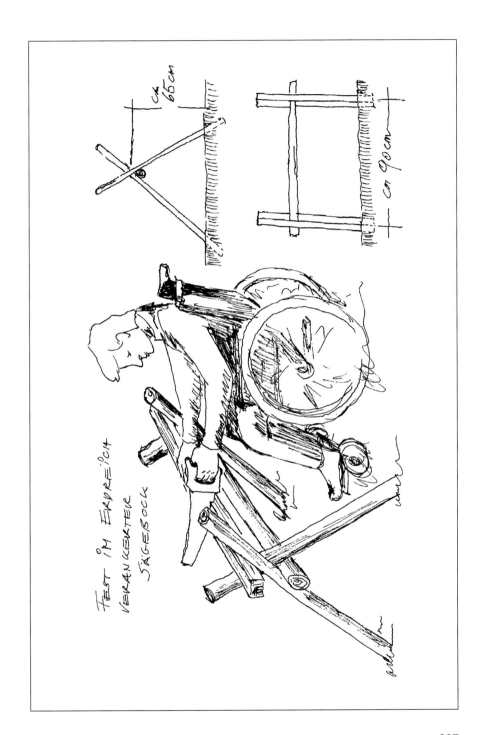

4.8 Schattentheater

Bereits im Vorkapitel wurde dieses Thema behandelt. An sonnigen Tagen bietet sich diese Puppentheaterform auch für den Außenbereich gut an. Große Kartons, deren Boden ausgeschnitten und mit Transparentpapier bespannt wird, sind die Bühnen. Der Karton wird so gestellt, dass die Öffnung dem Zuschauer zugewandt ist. Der bespannte Boden wird nach der Sonne ausgerichtet. Dadurch liegt der innere Bereich des Kartons im Schatten der Seitenwände und nur das Transparentpapier ist erleuchtet.

Reizvoller, wenn auch aufwendiger sind Großbühnen. Sie werden aus vier Pfosten, die in Trapezform in den Boden geschlagen werden, errichtet. Die Pfosten werden untereinander mit starker Paketschnur am oberen Ende verbunden. An diese Schnüre werden Decken und Laken gehängt. Die Schmalseite des Trapezes wird mit einem weißen Bettlaken verhängt und dient als Bühne. An die Seiten des Trapezes werden möglichst lichtundurchlässige Stoffe, oder auch große, aufgerissene Kartons, gespannt, ebenso wird ein Dach über das Trapez gezogen, so dass ein nach vorne hin offener Raum entsteht.

Der Bühnenausschnitt kann durch Decken oder Pappen oben, unten und von den Seiten her begrenzt werden.

a) Hinweise

Der Bühnenausschnitt sollte in einer für Rollstuhlfahrer gut erreichbaren Höhe angebracht werden. Alle weiteren Hinweise unter „Schattentheater" im Kapitel „Werken und Gestalten" gelten auch hierfür.

5. Gestalten im Jahreslauf

Die hier vorgestellten Techniken sind zum Teil bereits in den einzelnen Kapiteln allgemein besprochen und werden hier lediglich in einen Zusammenhang mit dem Jahreslauf gestellt. Neu hinzukommende Verfahren werden differenzierter dargestellt. Die einzelnen Abschnitte befassen sich mit einfachen, elementarsten Aufgaben, die gut auch mit körperbehinderten und mehrfachbehinderten Kinder durchgeführt werden können.

5.1 Karneval/Fasching

a) Masken

Siehe unter „Puppen und Masken". Als reizvoll stellt sich für die Karnevalsfeste immer ein festes Thema heraus, auf die Dekorationen und Maskerade abgestimmt sind. Märchen bieten sich hierfür in besonderer Weise an, aber auch Themen wie „Zoo" oder „Zirkus".

b) Dekoration: Girlanden

Material: Krepppapier
              Klebstoff
              Scheren (Papierschneidemaschine)
              Baumwollband (z. B. Kettband)

Krepppapier wird, original gefaltet, mit der Papierschneidemaschine in ca. 15 cm breite Streifen geschnitten und an beiden Seiten etwa 4 bis 5 cm mehrmals eingeschnitten (Fransen). Zwei verschiedenfarbige Krepppapierstreifen aufeinanderkleben und an den Enden beidseitig mit schmalen Papierstreifen verstärken. Lochen und Bänder zum Aufhängen durchziehen. Die Streifen auseinanderfalten und zu einer Spirale gedreht aufhängen.

Abwandlungen:

- Wie oben, aber ohne seitliches Einschneiden.

- Fähnchengirlande: Siehe unter „Fingermalerei". Als Abzugspapier werden rechteckige oder rautenförmige Papiere in den Maßen 30 x 5 cm genommen, die nach dem Abziehen in der Mitte gefaltet auf Band nebeneinander gezogen werden.

- Krepppapiernetze: Die original gefalteten Krepppapiere werden an den Faltseiten eingeschnitten. Begonnen wird auf einer Seite. Die Schnitte sollten etwa im Abstand von 3 bis 4 cm erfolgen, wobei sie bis auf 2 bis 3 cm an den gegenüberliegenden Rand heranreichen. Die gegenüberliegende Seite wird auf die gleiche Weise eingeschnitten, wobei die Schnitte jeweils zwischen zweien der anderen Seite liegen müssen. Auseinandergerollt und aufgehängt ergeben diese Krepppapierbögen recht große, dekorative Netze.

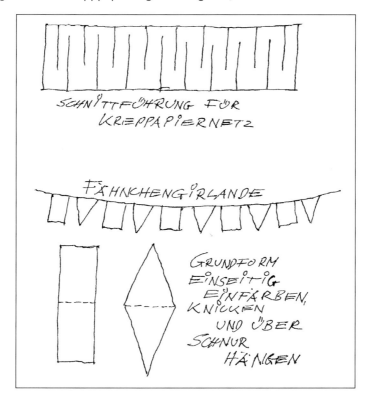

5.2 Ostern

a) Osterfeld

Siehe „Fingermalerei". Grundformen von Eiern, Osterhasen und Blumen aus Papier ausschneiden oder reißen und im Abzugsverfahren einfärben; aufkleben auf großem Papierbogen (Packpapier) als Gemeinschaftsbild.

b) Osterbaum

Siehe Holzmaché und Papiermaché; Eiformen aus Holzmaché oder Papiermaché herstellen und Fäden zum Aufhängen in die noch feuchte Masse einziehen. Trocknen lassen und bemalen.

5.3 Herbst

a) Blattdruck

Siehe unter „Materialdruck". Blätter mit Farbwalze und Linoldruckfarbe (auch Tempera) einfärben, mit der eingefärbten Seite auf Papier legen und einmal mit einer sauberen Farbwalze fest andrücken.

b) Laternen

Siehe unter „Papier-Kleister-Technik". Masken: Anstelle von Zeitungspapier wird Transparentpapier genommen und in Schichten auf den Luftballon aufgeklebt.

Im unteren Bereich (Boden) mehrere Schichten kleben, evtl. auch festeres Papier (Makulatur) einarbeiten. Ebenso im oberen Drittel. In der Mitte darauf achten, dass die Schichten lichtdurchlässig bleiben. Sobald das Papier getrocknet ist, den Luftballon herausnehmen und das Loch im oberen Ende der Laterne so erweitern, dass ein Teelicht in die Laterne gestellt werden kann. An zwei gegenüberliegenden Punkten den oberen Rand durch kleine Pappquadrate verstärken, lochen und einen Drahtbügel daran befestigen.

Siehe unter „Wachsbügeltechnik". Große Käseschachteln oder quadratische Pappen, deren Rand hochgebogen ist, im Umfang abmessen und entsprechend lange Transparentpapierstreifen in ca. 30 cm Breite zuschneiden (Kleberand nicht vergessen). Mit Wachsmalstiften bemalen, bügeln und um die Schachteln oder Kartons kleben. Bei quadratischer Form genügt am oberen Rand ein fester, umlaufender Kartonstreifen. An gegenüberliegenden Stellen lochen und einen Drahtbügel einsetzen.

c) Herbstbaum

„Siehe unter Fingermalerei": Einen großen Bogen Papier mit einem Baum bemalen. Blätter aus Papier schneiden. Im Abzugsverfahren die Blätter einfärben und auf den Baum kleben.

5.4 Winter

a) Schneemänner

Material: Farbiges Tonpapier (Blau oder Schwarz)
Watte
Seidenpapier (Rot)
Strohhalme oder Sisalschnur
Kleister

Blaues Tonpapier sollte in der Größe von DIN A3 vorhanden ein. Die Watte an die Kinder austeilen und locker zupfen lassen. Aus der locker gezupften Watte drei größere Bälle für Rumpf und Kopf, sowie längliche kurze Rollen für die Arme und Schneeflocken formen und beiseite legen.

Den Bogen Tonpapier einkleistern und die vorbereiteten Watteelemente darauf anordnen. Aus schwarzem Tonpapier einen Hut, Augen und Knöpfe reißen, und das Seidenpapier für die Nase, Sisalschnur oder Strohhalme als Besen. Mit Kleister die einzelnen Stücke aufkleben.

Besser ist es freilich, draußen aus Schnee einen Schneemann zu bauen, wenn die Kinder in der Lage sind, daran teilzuhaben.

b) Baumgehänge

Siehe unter „Ton": Ton mit Ton- oder Teigrolle ausrollen und mit Ausstechförmchen Figuren ausstechen. Lochen mit Strohhalm: Der Ton schiebt sich in den Strohhalm, wodurch keine Substanz verdrängt und dadurch die Form verändert wird.

6. Literaturbesprechung

6.1 Gestalterischer Bereich

Albrecht, H. J.: Farbe als Sprache, DuMont-Verlag 1974.
Das Buch behandelt Farbwirkung und -wirklichkeit. Es setzt ein grundsächliches Wissen über Farbe und deren Anwendung voraus. Besonders hingewiesen sei auf den Abschnitt: Sehen von Farbe auf den Seiten 105 ff.

Bull, B. H./Löcher, B./ Pilger-Feiler, C.: Sand und Wasser, Don Bosco Verlag, München 1979

Clausen, A./Riedel, M.: Schöpferisches Gestalten mit Farbe, J.Ch. Mellinger-Verlags-GmbH, Stuttgart, 3. Auflage 1981
Materialkunde Farbe Seite 18 ff.,
Malgründe Seite 66 ff.,
Licht-Farbe-Raum Seite 115 ff.

Frieling, H.: Mensch und Farbe, Muster-Schmidt-Verlag, Göttingen 1981

Itten, J.: Kunst der Farbe, Studienausgabe, Otto Maier Verlag 1961/1970

Lindner, G.: Freude am Werken, Mosaik-Verlag, München 1967

Leach, B.: Das Töpferbuch, Hörnemann-Verlag, Bonn 1971

Mahlke, W.: Ton als Gestaltungsmaterial in Kindergarten und Schule, Verlag Ludwig Auer, Donauwörth 1982

Ders.: Lehmofenbau, Verlag Ludwig Auer, Donauwörth 1982

Müller, H./Oberhuemer, P.: Die Welt, die uns umgibt, Herder Verlag, Freiburg 1982
Didaktisch-methodische Überlegungen zum Thema Umwelterweiterung:
Auf den Seiten 57 ff. wird auf formbares und geformtes Material eingegangen.
Auf den Seiten 80 ff. auf die Beschäftigung mit Erde.

Pawlik, J.: Goethe Farbenlehre, DuMont Dokumente, Köln 1978

Seitz, R.: Kunst in der Kniebeuge, Don Bosco-Verlag, München 1982 Kreativitätserziehung Seite 11–16
Sensibilisierung der Wahrnehmung Seite 19
Gestalterische Spiele mit dem Diaprojektor Seite 87
Bildbetrachtung Seite 105

Ders.: Seh-Spiele, Don Bosco Verlag, München 1985
Das Buch behandelt unterschiedliche Möglichkeiten, das Sehen zu schulen und bewusst zu machen:
Licht und Schatten Seite 87
Diarahmen Seite 76 und 89

Ders.: Kinderatelier, Otto Maier Verlag, Ravensburg 1986
Ein anschauliches, reich bebildertes Arbeitsbuch. Viele der beschriebenen Techniken lassen sich gut auf den Behindertenbereich übertragen.

Lindsay, Z.: Bildnerisches Gestalten mit behinderten Kindern, Fabbrie und Praeger Verlag, München 1973
Ein Standardwerk zum Thema Gestalten mit Behinderten:
Beschreibung der Krankheitsbilder Seite 13–57
Drucktechniken Seite 140–161

Wölfel, K./Schrader, U.: Farbspiele mit Kindern, Kösel Verlag, München 1981

6.2 Puppentheater/Spiel

Balmer, U.: Freude am Puppenspiel, Franckh'sche Verlagsbuchhandlung, Stuttgart 1979

Lettmann, M.: Bunte Masken und Kostüme, Fischer-Taschenbuch Flick-Flack 13, Frankfurt 1976

Reininger, Lotte: Schattentheater/Puppen, Film-Texte Verlag, Tübingen 1979

Schreiner, Kurt: Puppen und Theater, DuMont-Verlag, Köln 1980

6.3 Kunst in der Therapie

Immisch, H.: Malen – Hilfe für Kinder, Klett-Verlag, Stuttgart 1975

Kramer, E.: Kunst als Therapie mit Kindern, Ernst Reinhardt Verlag, München 1978
Verarmung durch Materialüberangebote ohne schöpferischen Umgang damit Seiten 21 ff.
Neue Abwehrmechanismen Seiten 30 ff.
Praktische Ratschläge Seite 53 ff.

Oaklander, V.: Gestalttherapie mit Kindern und Jugendlichen, Klett-Cotta Verlag, Stuttgart 1984
Leistung und Vergnügen Seite 108
Macht und Freizeit Seite 142

6.4 Pädagogik/Therapie

Ayres, A. Jean: Bausteine der kindlichen Entwicklung, Springer Verlag, Berlin 1984
Berühren oder Tastempfinden Seite 47
Sprache/sensorische Erfahrungen Seite 90ff.
„Nervengedächtnis" Seite 135
Taktile Abwehr – die Erfahrungen des Kindes Seite 154

Jacobsen, U./Kalbe, U.: Hilfsmittel für behinderte Kinder, Gustav Fischer Verlag, Stuttgart 1984
Schreibhilfen Seite 95ff.

Kalbe, U.: Die cerebrale Parese im Kindesalter, G. Fischer Verlag, Stuttgart 1981

Kupffer, H.: Einführung in Theorie und Praxis der Heimerziehung, Quelle und Meyer, UTB 657, Wiesbaden 1978
Arbeitsplanung Seite 100

Matthiaß, H.H./Brüster, H.T./Zimmermann, H.V.: Spastisch gelähmte Kinder, G. Thieme Verlag, Stuttgart 1971
darin: W.E. Vliegenthart:
Die Welt des körperbehinderten Kindes Seite 24ff.

Rudnik, M.: Laßt mich mit euch leben, Beltz. B.bliothek 111, Weinheim 1983
„Therapie in der Krise" Seite 46 ff.

Solarowá, F. (Hrsg.): Mehrfachbehinderte Kinder und Jugendliche, Marhold-Verlag, Berlin 1976
darin:
H.V. Bracken, Definition Mehrfachbehinderung Seite 10
Bach, Mehrfachbehinderung als Regelfall Seite 54
ders., Modifikation der Lernfunktionen Seite 56ff.
F. Schönberger, sensomotorische Intelligenz Seite 138ff.

Stöckmann, F.: Das geistigbehinderte Kind im Heim, Marhold Verlag, Berlin 1973
Aktiv-Passiv Seite 73

6.5 Allgemeines

Jörg, S.: Per Knopfdruck durch die Kindheit, Quadriga-Verlag, Weinheim 1987

Kükelhaus, H.: Hören und Sehen in Tätigkeit, Klett und Ballmer Verlag, Zug 1978/1986

Ders.: Organismus und Technik, Fischer Alternativ 4024, Frankfurt 1984

Ders.: Fassen, Fühlen, Bilden, Gaia Verlag, Köln 1978

Mahlke, W./Schwarte, N.: Wohnen als Lebenshilfe, Beltz Praxis, Weinheim 1985

Dies.: Raum für Kinder, Beltz-Verlag, Weinheim 1989

Postman, N.: Das Verschwinden der Kindheit, Fischer-Taschenbuch 3855, Frankfurt 1987

Steiner, H.: Integration und Raum, borgmann publishing, Dortmund 1999

6.6 Quellen der verwendeten Literaturzitate

S. 24 – Brown, Chr.: Mein linker Fuß, Henssel-Verlag, Bielefeld 1985

S. 103 – de Saint-Exupéry, A.: Der kleine Prinz, K. Rauch Verlag, Düsseldorf 1988

S. 17 – Oaklander, V.: Gestalttherapie mit Kindern und Jugendlichen, Klett-Cotta, Stuttgart 1988 (Zitat von Fritz Perls)

Farbtafeln

Abb. A: Pipetten mit großen Gummibällchen eignen sich gut für das Verblasen und Laufenlassen von Farbtropfen.

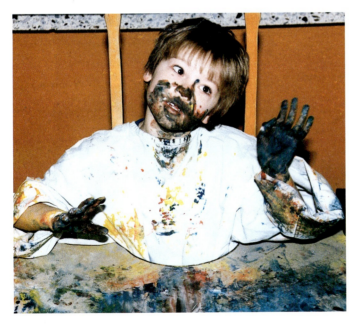

Abb. B: Fingermalerei macht Spaß!

Abb. C: Stempeltechnik

Abb. D: Großfiguren aus Pappmaché

Abb. E: Die Malwand

Abb. F: Das Webehaus

Abb. H: Schattenrißbilder

Abb. G: Asphalt- und Betonmalerei

Kunsttherapie in der Praxis für Therapie und Atelier

Christine Leutkart /
Elke Wieland /
Irmgard Wirtensohn-Baader (Hrsg.)

Kunsttherapie – aus der Praxis für die Praxis – Band 2
Neue Impulse, Projekte, künstlerische Ansätze

Die Kunsttherapie hat sich weiterentwickelt, und so scheint es ein natürlicher Prozess zu sein, Elemente anderer Therapieformen in die kunsttherapeutische Arbeit mit einzubeziehen. Daraus ergibt sich die Fragestellung: Welche Elemente „artverwandter" Therapieformen, z.B. der Körper- und Dramatherapie, können im kunsttherapeutischen Prozess aufgegriffen werden – und wie?
Jedes Kapitel wird mit Informationen und Vorüberlegungen zu dem jeweiligen Thema eingeführt. Aufsätze, die verschiedene Aspekte kunsttherapeutischen Arbeitens beleuchten, runden die inhaltliche Vielfalt ab.
Alle Übungen des Buches sind als Impulsgeber zu verstehen, die dem Setting entsprechend angepasst, sowohl in der therapeutischen, wie in der pädagogischen Situation eingesetzt werden können. Zahlreiche, zum Teil großformatige, Farbabbildungen illustrieren die Arbeit.

› August 2014, ca. 320 S., zahlreiche farbige Abb., Format 16x23cm, fester Einband
ISBN 978-3-8080-0722-8 | Bestell-Nr. 1250
48,30 CHF | 29,80 Euro

Christine Leutkart / Elke Wieland /
Irmgard Wirtensohn-Baader (Hrsg.)

Kunsttherapie – aus der Praxis für die Praxis
Materialien – Methoden – Übungsverläufe

„… es ist ein praktisches Buch gelungen, das in jedem Atelier stehen sollte, in dem kunsttherapeutische Aspekte eine Rolle spielen."
Jörg Rinninsland, Ergotherapie & Rehabilitation

„Eine Fülle an gestalterischen Techniken wie Malerei und Zeichnen, Druck, Collagen, Gestalten mit Sand, Filzen sowie plastische Tätigkeiten mit verschiedenen Materialien werden vorgestellt. Die Beschreibungen der einzelnen Übungen sind sehr überschaubar gegliedert. In Form einer Tabelle wird zu Beginn jeder Übung eine kurze Übersicht über die Sozialform, das Alter der Teilnehmer, die Materialien, die Dauer und die Einsatzmöglichkeit der jeweiligen Übung aufgelistet, und es werden Vorbereitungen und Verlauf sowie die Erfahrungen, die der Einzelne oder die Gruppe durch die Übung erleben können, detailliert beschrieben. Das Buch bietet dem Leser bzw. Therapeuten ein reichhaltiges Repertoire an gestalterischen Übungen und ermöglicht es, ohne großen Aufwand das Gelesene sofort umzusetzen." M. Alkemper, ergotherapie.de

› 3., verbesserte Auflage, 328 S., farbige Gestaltung, Format 16x23cm, fester Einband
ISBN 978-3-8080-0663-4 | Bestell-Nr. 1223
48,30 CHF | 29,80 Euro

Karl-Heinz Menzen

Kunsttherapie in der Sozialen Arbeit
Indikationen und Arbeitsfelder

Anhand konkreter Beispiele zeigt der Autor die Anwendungsgebiete auf, immer wieder ausgehend von den Umschreibungen des ICD-10. Themen sind bspw. die psychosoziale Befindlichkeit eines Teils der Kinder von risikoschwangeren Frauen, die Ausgangslage hospitalisierter Kinder, traumatisch verstörte Heranwachsende nach familiären Trennungsprozessen, drogenabhängige Jugendliche und Jugendliche, die nicht lernen konnten, ihre Gefühle zu regulieren, von Verwahrlosung bedrohte junge Erwachsene, u.v.a.m.
SozialarbeiterInnen berichten in Interviews, Projektberichten, Protokollen aus ihrer Tätigkeit. Künstlerisch-therapeutisch zusatzausgebildete Sozialarbeiter kommentieren, was gesundheitspädagogische Projektarbeit bedeutet. Abschließend geht das Buch der Frage nach, ob die überall in Europa sich entwickelnde Schema-Therapie auf die Muster unseres Verhaltens übertragbar ist. Der Leser erfährt, in welchen Bereichen der Gesellschaft und aufgrund welcher Bedarfslagen er ggf. als Sozialarbeiter mit bildnerisch-therapeutischen Mitteln arbeiten kann und darf.

160 S., Format 16x23cm, br
ISBN 978-3-8080-0699-3 | Bestell-Nr. 1249
27,45 CHF | 16,95 Euro

Meike Aissen-Crewett

Kunst und Therapie mit Gruppen
Aktivitäten, Themen und Anregungen für die Praxis

Hier wird dargelegt, warum Kunst sich in besonderem Maße für die therapeutische Gruppenarbeit eignet. Hierzu werden vielfältige Anregungen, Hinweise, Vorschläge, Themen, Aktivitäten und Beispiele vorgestellt. Das Buch wendet sich an Sozialarbeiter, Psychotherapeuten, Psychologen, Beschäftigungstherapeuten, Kunsttherapeuten, Kunst-, Sozial- und Sonderpädagogen und alle, die Kunst in ihrer therapeutisch orientierten Arbeit mit Gruppen einsetzen wollen.
„Die Autorin weiß die leidvollen Zustände, Äußerungsformen, auffangenden Institutionen zu skizzieren. Und dafür den Zugang, die medial angeleitete Methode des Verständnisses darzutun.
Es hat mich an diesem Entwurf bezaubert: Die Vielfalt, die nicht objektiviert, der Bruch mit dem 'therapeutokratischen' Gestus, die Art des ästhetisch-bildnerischen Angebots, die dem Leiden, den leidvollen Bildgestaltungen ihren Raum, die Art ihres Zugriffs lässt. 'Kunst' wird in diesem Buch als ein mögliches Mittel begriffen, um der Personwerdung des Leidenden zu dienen." Aus dem Vorwort von Prof. Dr. Menzen

› 6. Auflage, 120 S., Format DIN A5, br
ISBN 978-3-8080-0513-2 | Bestell-Nr. 1217
19,20 CHF | 11,80 Euro

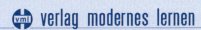

Schleefstraße 14, D-44287 Dortmund
Telefon 02 31 12 80 08, Fax 02 31 12 56 40
Gebührenfreie Bestell-Hotline: Telefon 08 00 77 22 345, Fax 08 00 77 22 344
Leseproben, Rezensionen, Bestellen im Internet: www.verlag-modernes-lernen.de

Reihe: Praxis Inklusion

Carla Klimke / Klaudia König-Bullerjahn

Von Goethe bis Guggenmos
Kinder spielen mit Gedichten – Praxisbeispiele zur voraussetzungslosen gesellschaftlichen und kulturellen Teilhabe
92 S., farbige Abb., Format 16x23cm, Ringbindung
ISBN 978-3-8080-0703-7 | Bestell-Nr. 3851 | 16,95 Euro

KinderAufRuhr
Kinder erkunden ihre Heimat – Praxisbeispiel für die voraussetzungslose Auseinandersetzung
96 S., farbige Abb., Format 16x23cm, Ringbindung
ISBN 978-3-8080-0704-4 | Bestell-Nr. 3852 | 16,95 Euro

Beinahe die Zauberflöte
Ein musikalisches Märchen – Praxisbeispiel für voraussetzungslose kulturelle Teilhabe
88 S., farbige Abb., Format 16x23cm, Ringbindung
ISBN 978-3-8080-0705-1 | Bestell-Nr. 3853 | 16,95 Euro

Carla Klimke / Matthias Wittler

Wasser, Luft und Erde
Kinder erleben die Schöpfungsgeschichte
112 S., farbige Abb., Format 16x23cm, Ringbindung
ISBN 978-3-8080-0713-6 | Bestell-Nr. 3854 | 16,95 Euro

Carla Klimke

Beinahe Peter und der Wolf
Kinder erkunden ein musikalisches Märchen
92 S., farbige Abb., Format 16x23cm, Ringbindung
ISBN 978-3-8080-0714-3 | Bestell-Nr. 3855 | 16,95 Euro

Die Reise durch die Kunstgeschichte
Kinder erkunden Kunstwerke von der Frühzeit bis zum Mittelalter
Jan. 2014, 80 S., farbige Abb., Format 16x23cm, Ringbindung
ISBN 978-3-8080-0715-0 | Bestell-Nr. 3856 | 16,95 Euro

LIEDerLEBEN
Volkslieder verbinden
April 2014, ca. 96 S., farbige Abb., Format 16x23cm, Ringbindung
ISBN 978-3-8080-0716-7 | Bestell-Nr. 3857 | 16,95 Euro

BORGMANN MEDIA
verlag modernes lernen   borgmann publishing

Schleefstr. 14 • D-44287 Dortmund • Gebührenfreie Bestell-Hotline: Tel. 0800 77 22 345 • FAX 0800 77 22 344
Ausführliche Informationen und Bestellen im Internet: www.verlag-modernes-lernen.de